I0140684

LA JOURNÉE

DE SEDAN

LIBRAIRIE E. DENTU

DU MÊME AUTEUR

LA DÉFENSE DE PARIS

1870-1871

4 vol. grand in-8, avec de nombreuses cartes en couleur.
Chaque volume, 10 francs.

Wissembourg, RÉPONSE A L'ÉTAT-MAJOR ALLEMAND.
Brochure grand in-8 avec carte, 1 fr.

La Vérité sur l'Argérie. Brochure grand in-8, 2 fr.

Paris, imp. Balitout, Questroy et Cᵉ, 7, rue Baillif.

LA JOURNÉE

DE

SEDAN

PAR

Le Général DUCROT

SIXIÈME ÉDITION, AUGMENTÉE

DES

ORDRES DE MOUVEMENTS DE L'ÉTAT-MAJOR ALLEMAND

PARIS

E. DENTU, LIBRAIRE-ÉDITEUR

PALAIS-ROYAL, 15-17-19, GALERIE D'ORLÉANS

1877

A MES CAMARADES

DU 1er CORPS DE L'ARMÉE DE CHALONS.

—

C'est à vous, chers compagnons d'armes, que je dédie ces lignes.

Pour me justifier des accusations portées contre moi, je ne veux d'autres juges que vous qui m'avez vu à l'œuvre.

Seuls, vous pouvez apprécier si j'ai manqué de prévoyance, de vigilance, de vigueur et de dévoùment.

Puisque l'on me force à sortir de la réserve que je m'étais imposée, puisque l'on m'oblige à parler, j'expose les faits tels qu'ils se sont accomplis sous vos yeux, abandonnant à votre loyauté et à votre honneur le soin de me défendre.

Le commandant en chef du 1er corps de l'armée de Chálons,

Général A. DUCROT.

Versailles, 18 septembre 1871.

AVANT-PROPOS

Ecrire l'histoire au lendemain des événements est œuvre toujours difficile et plus nuisible qu'utile.

Trop de personnalités sont en scène pour ne pas redouter de les froisser; trop de passions sont en jeu, pour ne pas craindre de les surexciter encore.

Aussi nous étions-nous abstenu jusqu'à ce jour de rien publier sur la guerre de 1870 et 1871; notre nom, mêlé à une ardente polémique qui eut lieu entre plusieurs officiers généraux, lors de leur captivité, n'avait pu nous faire rompre le silence.

Mais, aujourd'hui, un homme considérable par la position qu'il occupe dans l'armée vient de publier un gros volume dans lequel il lance contre nous les accusations les plus violentes et les plus injustes.

M. le général de Wimpffen nous accuse :

1° D'avoir manqué d'honnêteté en abusant de notre influence sur le général Trochu pour empêcher la publication de son rapport sur la bataille de Sedan (1).

2° D'avoir, par de fausses manœuvres, com-

(1) Voir la lettre du général Trochu, page 83.

promis le sort de la journée et préparé ainsi le fatal désastre de Sedan.

3° D'avoir déserté le champ de bataille avant l'heure.

4° D'avoir refusé d'obéir aux ordres du général en chef, alors qu'il réclamait notre concours.

5° D'avoir engagé l'Empereur à arborer le drapeau parlementaire et à capituler.

Est-il possible de formuler contre un soldat, contre un général en chef, des accusations plus graves, plus odieuses!!!

Notre honneur, celui de nos enfants ne nous imposent-ils pas le devoir de répondre?

Nous le faisons, non sans amertume, non sans douleur!... car ce différend est encore une honte à ajouter à toutes les hontes qui nous accablent...

Mais nous le demandons au pays, à l'armée... était-il permis de garder le silence?...

— Que la responsabilité de cette déplorable polémique retombe donc sur celui qui l'a provoquée... comme l'a dit le général de Wimpffen, *suum cuique*.

Nos camarades de l'armée, infortunés acteurs de ce terrible drame, ont maintenant les éléments de l'accusation et de la défense...

Qu'ils se prononcent... leur jugement préparera celui de l'histoire.

Général A. Ducrot.

Versailles, 18 septembre 1871.

LA

JOURNÉE DE SEDAN

Après le grave échec du 5e corps à Beaumont et à Mouzon, le général Ducrot, commandant le 1er corps, reçut l'ordre du maréchal de Mac-Mahon de protéger la retraite de l'armée, soit par Douzy, soit par Carignan :

« Je ne peux, avait ajouté le maréchal au capitaine » Bossan, aide de camp du général Ducrot, je ne » peux savoir encore ce que je ferai. Dans tous les » cas, que l'Empereur parte au plus vite pour Se- » dan. »

Le général Ducrot avait donc deux points à occuper : Douzy et Carignan.

1.

Hypothèse
d'une retraite
sur Montmé-
dy.

Si l'on opérait la retraite par Carignan pour gagner Montmédy par Margut, l'armée n'avait pour manœuvrer qu'une étroite bande de terrain large de 3 à 5 kilomètres, limitée au Nord par la frontière, au Sud, par le Chiers ; notre flanc droit, insuffisamment protégé par cette rivière, était très-vulnérable.

Déjà fortement ébranlés par les défaites de Beaumont et Mouzon, toujours canonnés, suivis pas à pas par un ennemi formidable que le succès avait rendu audacieux, il eût été dangereux de nous entasser dans un espace aussi restreint.

Parvenions-nous à gagner Montmédy et Longwy ? Ces petites places ne pouvaient ni nous approvisionner ni nous défendre, et plus que jamais nous étions acculés à la frontière.

Poursuivions-nous notre course ? Épuisés, démoralisés, nous nous heurtions aux 210,000 hommes du prince Frédéric-Charles qui venait de réoccuper les positions vaillamment conquises par l'armée de Metz dans la soirée du 31 août.

Les combats d'arrière-garde, les marches forcées, le manque d'approvisionnements nous auraient réduits à 50 ou 60,000 hommes. Que serions-nous devenus, pressés entre les 210,000 hommes du prince Frédéric-Charles et les 250,000 du prince royal ?

Tel aurait été sans doute le résultat d'une retraite par Carignan sur Montmédy.

Hypothèse
d'une retraite
sur Mézières.

L'armée au contraire se retirait-elle par Douzy, Givonne, Illy et Saint-Menges sur Mézières, ou par Fleigneux et Bosséval sur Rocroy ? Entre la frontière et la Meuse, l'espace suffisamment étendu permet de s'écouler sans trop d'encombrement (la partie la plus resserrée de cette bande du territoire est de 5 kilomètres entre la presqu'île d'Iges et la frontière du bois du Grand Canton). On ne saurait objecter la difficulté de passer sous bois ; les chemins y sont nombreux et généralement bons ; du reste, les obstacles naturels sont les mêmes du côté de Carignan.

Au lieu d'être à peine protégé par la petite rivière du Chiers, on est solidement flanqué à gauche par le gros cours d'eau de la Meuse. Les ponts de Douzy sur le Chiers, de Bazeilles, de Donchery et de Villers sur la Meuse une fois détruits, on est assuré d'une grande avance sur l'ennemi.

A Mézières on peut s'approvisionner et l'on trouve le renfort des 30,000 hommes du corps Vinoy. Si l'on poursuit sa marche, au lieu de tomber dans un pays envahi et de s'exposer à être broyé entre deux armées, on reste en communication constante avec Paris, on gagne l'Ile de France, le Hainaut. Alors bien appuyé sur nos places fortes du Nord, que l'inextricable réseau de nos canaux rend toujours formidables, on peut faire volte-face et attendre.

L'ennemi eût-il osé s'engager entre la Seine et la Somme pour continuer sa poursuite ? C'est peu probable ; car à ce moment Paris se fortifiait et se créait une armée ; Bazaine n'avait pas encore été entamé ; Strasbourg tenait toujours. Dans tous les cas, nous avions une excellente position défensive.

Tel aurait été sans doute le résultat d'une retraite vers le Nord par Douzy, Illy, Fleigneux, etc.

Il n'y avait donc pas à hésiter.

Aussi le général Ducrot se mit-il en mesure de protéger la retraite par Douzy.

Il envoie aux 1ʳᵉ et 3ᵉ divisions du 1ᵉʳ corps (Wolf et Lhériller) l'ordre de rester à Douzy, d'y revenir en toute hâte dans le cas où elles l'auraient dépassé, et de s'y établir solidement pour protéger la retraite de l'armée. Cependant, pour se conformer exactement aux ordres du maréchal, il établit ses deux autres divisions à Carignan, sur les hauteurs qui s'élèvent entre cette ville et Blagny.

Ces dispositions prises, le général, accompagné de son aide de camp, le capitaine Bossan, se rend auprès de l'Empereur lui annoncer le nouvel échec de nos armes à Mouzon. L'Empereur ne voulait pas y croire; il fit répéter plusieurs fois au capitaine Bossan le récit des événements dont il avait été témoin; très vivement ému, il dit à plusieurs reprises : « Mais c'est impossible ! nos positions étaient » magnifiques ! » Suivant l'ordre du maréchal, le général pria l'Empereur de se rendre à Sedan par le chemin de fer. Sa Majesté déclara qu'elle voulait être avec le corps qui couvrirait la retraite. Le général lui fit observer que sa présence ainsi que celle de sa suite augmenteraient beaucoup les difficultés déjà si grandes d'une marche rétrograde. L'Empereur revenait toujours à sa première idée, et, malgré ses instances, le commandant du 1ᵉʳ corps, n'ayant pu obtenir une réponse décisive, se retira. Ce ne fut que quelques heures après qu'il apprit que Sa Majesté s'était rendue à Sedan par le chemin de fer.

Le général prend ses dispositions de marche. Lettre au général Marguerite.

Pendant la nuit, le général Ducrot ne reçut pas d'ordre, mais persuadé que la retraite se ferait par le Nord, il prit les mesures nécessaires pour faire filer les bagages et les services administratifs dans la direction de Givonne et d'Illy, et prescrivit à l'Intendance de préparer des vivres sur ce point ; puis, après avoir dicté l'ordre de marche pour le lendemain matin 31 août, il écrivit au général Margueritte, qui était campé avec sa division de cavalerie en face de Blagny sur la rive gauche du Chiers :

« Mon cher Margueritte, les événements qui se
» sont passés dans la journée à Mouzon rendent
» notre situation très grave. Je n'ai pas d'ordre à
» vous donner (1), mais un simple conseil. Je vous
» trouve bien en l'air sur la rive gauche du Chiers,
» et je pense que vous feriez bien de repasser sur la
» rive droite pour venir camper de l'autre côté de
» Carignan où il y a un emplacement convenable. Je
» compte partir demain matin pour me diriger sur
» Sedan, non par la route de la vallée qui ne me
» paraît pas sûre, vu le voisinage de l'ennemi, et qui
» est d'ailleurs fort encombrée de voitures et de
» bagages, mais par la route de la montagne qui
» passe par Osnes, Mézincourt, Pouru-au-Bois, Fran-
» cheval, Villers-Cernay, Givonne et Illy. Vous pour-
» rez marcher parallèlement à moi entre la grande
» route et la route de la montagne ; d'après les ren-
» seignements que j'ai recueillis, le terrain est très-
» praticable à votre cavalerie. Nous marcherons de
» concert, prêts à nous soutenir mutuellement et
» nous camperons ensemble à Illy, où nous serons

(1) La division Margueritte ne faisait pas partie du 1er corps.

» à peu près en sécurité et en situation de recevoir
» les ordres du maréchal.
» Votre bien affectionné,

» Général DUCROT. »

Le général Margueritte répondit :

« Mon général, je partage complétement vos ap-
» préciations sur la gravité de la situation. Je vais
» immédiatement suivre votre conseil et repasser sur
» la rive droite du Chiers pour aller prendre mon
» bivouac de l'autre côté de Carignan. Demain matin
» je suivrai l'itinéraire que vous m'indiquez pour me
» rendre à Illy et je me tiendrai à vos ordres. Croyez,
» etc.

» MARGUERITTE. »

Ne rece-
vant pas d'or-
dre, le géné-
ral Ducrot
écrit au ma-
réchal de
Mac-Mahon.

Le lendemain matin 31 août, le commandant du
1er corps n'ayant reçu aucune nouvelle du grand
quartier général, prend ses dispositions de marche et
écrit au maréchal commandant en chef :

« Monsieur le Maréchal, il est huit heures du ma-
» tin, je ne vois rien paraître sur la route de Mouzon
» à Carignan. J'en conclus que Votre Excellence a
» effectué sa retraite par Douzy. Je vais donc com-
» mencer mon mouvement, et comme la grande
» route de la vallée me paraît peu sûre, je vais pren-
» dre le chemin de la montagne par Osnes, Mézin-
» court, **Pouru-au-Bois**, Francheval, Villers-Cernay,

» Givonne et Illy. C'est là que je compte établir mon
» bivouac.

» Entièrement à vos ordres, j'ai l'honneur d'ê-
» tre, etc.

» DUCROT. »

En même temps le général faisait prévenir les 1re et
3e divisions restées à Douzy de se rabattre, une fois
l'armée écoulée, vers Francheval, où il viendrait leur
donner la main. Mais avant que cet ordre ne leur
parvînt, les généraux Wolf et Lhériller reçurent du
maréchal, à son passage à Douzy, l'ordre de se rendre
directement à Sedan.

Retraite du 1er corps.

Le mouvement de retraite commença à Carignan
par la 2e division, et fut suivi par la 4e. L'artillerie
marchait sur la route à hauteur des divisions, la cavalerie à gauche de la route de la montagne avec de
nombreux éclaireurs battant l'estrade. Par un simple
à gauche on se trouvait ainsi en bataille et par échelons.

Pendant tout le temps de la route, l'ordre le plus
parfait ne cessa de régner.

Arrivé vers midi à Francheval, le général Ducrot
fut arrêté par les bagages et les parcs du 5e et du 12^e
corps qui, canonnés à distance, s'étaient jetés à
droite sur les hauteurs.

*On néglige de faire sau-
ter les ponts sur la Meuse
et sur le Chiers.*

Dans la matinée, le 12e corps qui avait traversé le
Chiers à Douzy, s'était porté sur Bazeilles et repous-
sait les Bavarois qui tentaient le passage de la Meuse.
Malheureusement le pont de Douzy abandonné d'a-

près l'ordre reçu n'avait pas été détruit, et l'ennemi le franchit sans obstacle.

Le pont de Bazeilles, quoique repris par le 12ᵉ corps, ne fut pas rompu; il en fut de même de celui de Donchery : ces négligences devaient être cruellement expiées.

Le général Ducrot voyant des hauteurs de Francheval l'ennemi s'avancer par Douzy, prit ses dispositions pour le recevoir dans le cas où il tenterait une attaque, mais aucune démonstration offensive n'ayant eu lieu, il reprit dans le même ordre que précédemment sa marche sur Illy, en s'entourant de nouvelles précautions à l'arrière-garde.

Ordre du maréchal commandant en chef de revenir sur Sedan. Les colonnes du 1ᵉʳ corps débouchaient à hauteur de Villers-Cernay, lorsque l'ordre suivant fut remis au général par le lieutenant-colonel Broye, aide de camp du Maréchal : « Mon cher Général, je vous » avais fait donner l'ordre (1) de vous rendre de Carignan à Sedan et nullement à Mézières où je n'a- » vais pas l'intention d'aller. Ayant vu ce matin le » général Wolf, je vous croyais à Sedan. A la récep- » tion de la présente, je vous prie de prendre vos » dispositions pour vous rabattre dans la soirée sur » Sedan, dans la partie Est. Vous viendrez vous pla- » cer à la gauche du 12ᵉ corps, près de Bazeilles, » entre Balan et Bazeilles. Envoyez-moi d'avance » votre chef d'état-major pour reconnaître cette po- » sition. Recevez, etc.

» MAC-MAHON. »

(1) Cet ordre n'est jamais parvenu au général commandant du 1ᵉʳ corps, qui n'a reçu d'autres instructions du maréchal que celles rapportées, dans la journée du 30, par le capitaine Bossan.

Petite ville de vingt mille âmes, Sedan est située sur la rive droite de la Meuse ; le faubourg de Torcy la prolonge à l'Ouest. A l'Est, s'élève le Vieux-Camp, sur une hauteur (242 mètres) qui domine entièrement la vieille ville.

Si l'on jette un coup d'œil sur la campagne environnante, on voit de Remilly à Iges une longue vallée dont les points culminants sont, sur le versant occidental : les hauteurs de Noyers, de Vadelincourt et d'Iges ; sur le versant oriental, les collines de la Petite-Moncelle, de Villers-Cernay, les hauteurs boisées de la Garenne, le calvaire d'Illy, les plateaux de Floing et de Saint-Menges. Au fond, serpente la Meuse, coulant dans une direction générale du Sud-Est au Nord-Ouest. Arrivé à Iges, le fleuve change brusquement de direction, court pendant 1,500 mètres de l'Est à l'Ouest, puis redescend brusquement au Sud, jusqu'aux environs de Donchery.

Ce méandre dessine la presqu'île d'Iges, qui s'avance en pointe vers les bois de la Falizette et du Grand-Canton, limite du territoire français.

Au Nord, s'élèvent des hauteurs boisées, à travers lesquelles court notre frontière, dans une direction générale de l'Ouest à l'Est.

En regardant la carte, on voit que la ligne de la frontière forme avec la vallée précédemment décrite, un vaste entonnoir, dont la partie étranglée se trouve entre la presqu'île d'Iges et le bois du Grand-Canton.

Une armée engagée dans cet espace et marchant vers le Nord (c'était, nous l'avons vu, la seule voie de salut) devait donc faire tous ses efforts pour doubler au plus vite la pointe d'Iges. C'était pour elle le véritable cap des Tempêtes; une fois franchi, on s'étendait, on respirait.

C'est pour ce motif que le général Ducrot, voulant en toute hâte gagner du terrain, se portait sur Illy. N'ayant jusqu'alors reçu aucun ordre, il comptait trouver tous les corps bivouaquant entre Illy, Floing, Saint-Menges et Fleigneux, admirable position d'où nous eussions été difficilement délogés. En tout cas, la retraite nous était assurée.

Que serait-il arrivé si l'armée s'était établie dans les positions d'Illy, Floing et St-Menges?

Supposons que le 1er septembre au matin notre armée, laissant une brigade dans Sedan et au Vieux-Camp, se fût établie de la manière suivante :

La droite, sur les hauteurs de Floing et de Saint-Menges, dominant la grande route de Mézières par Vrigne-aux-Bois; la gauche à Illy et Fleigneux, dominant la haute vallée de la Givonne.

Au centre et à notre droite l'artillerie de Sedan balayant tout le plateau de la Garenne, rendait toute attaque impossible de ce côté. Nous n'avions donc à redouter que les mouvements tournants par Vrigne-aux-Bois et par Givonne. Mais alors nous n'étions pas au centre de la circonférence décrite par l'ennemi. Nous étions sur la circonférence même; nous pouvions être attaqués sur nos flancs, mais non pris à revers, et nous n'avions affaire qu'à deux tronçons isolés, manœuvrant loin de leur centre et dans des positions désavantageuses.

En effet, l'extrême gauche ennemie, séparée du reste de l'armée par la Meuse et la presqu'île d'Iges, arrivait sous le feu des hauteurs de Saint-Menges, où notre droite était établie et en parfaite communication avec le centre et la gauche de notre armée.

N'aurions-nous pas réussi à repousser cette fraction de l'aile gauche ennemie, chose assez improbable, vu notre supériorité numérique du moment, les bois qui sont en arrière nous offraient non-seulement un abri, mais une voie de retraite assurée, grâce aux nombreux et excellents chemins vicinaux et forestiers qui les traversent.

La droite de l'armée ennemie, venant nous attaquer du côté d'Illy, était également loin de se trouver dans des conditions favorables.

Pour nous aborder à Illy et Fleigneux, elle était obligée, une fois la route de Bouillon franchie, de s'engager dans la gorge de la Haute-Givonne (Lamont et usine Chalamont). Séparée de son centre, que le canon de Sedan tenait immobile, forcée de nous présenter le flanc le long de la crête entre Illy et Givonne, exposée dans le ravin, qui est presque en ligne droite, à un feu d'enfilade, elle eût été repoussée très probablement. En tous cas, ainsi que nous l'avons déjà dit, il nous restait les bois comme dernière voie de salut.

Telles étaient les chances possibles dans le cas où l'on aurait occupé la position d'Illy ; mais rester à Sedan, c'était s'enfermer au centre de la circonférence que l'ennemi devait décrire, sans espoir possible d'en sortir si on la laissait se fermer entièrement.

Aussi fut-ce avec un véritable désespoir que le général, se conformant aux ordres du maréchal, rétrograda sur Sedan.

Le général Ducrot rétrograde sur Sedan.

« J'entrevoyais si bien le danger, dit-il dans une

» lettre adressée à un de ses amis, que je n'obéis
» qu'avec rage. »

La route de Givonne à Bazeilles étant horriblement
encombrée, les dernières troupes du 1ᵉʳ corps n'ar-
rivèrent qu'à onze heures et demie par une nuit
obscure. Très inquiet, profondément anxieux, le
général Ducrot, après avoir visité ses bivouacs, s'al-
longea à terre près d'un feu du 1ᵉʳ zouaves et attendit
le jour.

Description
du champ de
bataille de
Sedan.

Le champ de bataille sur lequel allait se décider le
sort de notre pays est compris entre le ruisseau de
Floing, la rive droite de la Meuse et le ruisseau de
Givonne, sorte de vaste triangle rectangle dont le ravin de Givonne représenterait l'hypothénuse. Situé à
peu près au milieu du côté formé par la Meuse, Sedan
est dominé par les collines qui séparent le Floing et
la Givonne. Ces hauteurs, sans être aussi escarpées
que celles qui se trouvent sur la rive gauche de la
Meuse, sont plus coupées, plus mouvementées.
Leurs sommets et leurs flancs sont couverts de
bois, non pas de forêts entières, mais de bouquets
de 20 à 30 arpents avec des clairières gazonnées sur
les pentes.

Le plus gros bois est celui de la Garenne; il occupe le point culminant (293 mètres) et court du Sud
au Nord.

Aux abords de la ville, les murs de clôture, les
jardins, les haies, un certain nombre des maisons qui

se relient à celles du Fond-de-Givonne, font de cette partie au sud du Vieux-Camp un véritable dédale. Défendu par quelques troupes solides, il serait très difficile de s'en rendre maître ; mais, par contre, que des corps repoussés et en désordre viennent y chercher un abri, il deviendra impossible de les rallier et de les reformer.

Les deux points culminants du champ de bataille sont situés, l'un directement au-dessus de Givonne (293 mètres), l'autre au calvaire d'Illy (276 mètres).

Du point coté 293 mètres, le terrain descend en pentes très abruptes sur Givonne, Daigny et la Moncelle ; il se relève de l'autre côté, se reliant par des pentes assez douces aux hauteurs de la Petite-Moncelle (233 mètres) d'où l'on domine entièrement la route de Bazeilles à Douzy.

Du calvaire d'Illy (276 mètres), le terrain va en s'abaissant sur Illy et Floing pour se relever par un mouvement de terrain assez accentué sur Fleigneux (264 mètres) et Saint-Menges (260 mètres).

Directement au-dessus de Sedan est situé le Vieux-Camp (242 mètres) ; il domine, au Sud, le Fond-de-Givonne et la Moncelle, au Nord-Ouest la hauteur de Cazal (215 mètres).

Dès quatre heures et demie du matin la fusillade retentit dans la direction de Bazeilles ; les troupes prennent les armes par un brouillard intense ; le jour se faisant peu à peu et la brume se dissipant, on peut distinguer leurs emplacements.

Disposition des corps au lever du jour.

Le 12e corps (Lebrun), aile droite, occupe les villages de Balan, Bazeilles, la Moncelle, la Platinerie.

Le 7ᵉ corps (Douay), aile gauche, s'étend depuis Floing jusqu'à Illy.

Le 1ᵉʳ corps (Ducrot), centre, relie les deux ailes par Givonne et Daigny. La division de Lartigues passe la Givonne à ce dernier village, et se porte en pointe, face au bois Chevalier.

Les débris du 5ᵉ en réserve occupent la ville et le Vieux-Camp.

Le général Ducrot reçoit le commandement en chef. Sa prompte résolution.

Le général Ducrot s'occupait à faire construire, au-dessus de Givonne, quelques épaulements pour protéger son artillerie, quand un officier de l'état-major général du maréchal, le commandant Riff, vint lui annoncer que le maréchal était blessé et lui remettait le commandement de l'armée. Peu d'instants après, la nouvelle lui était confirmée par le général Faure, chef d'état-major général de l'armée, qui venait se mettre à la disposition du nouveau général en chef avec son état-major (1). Le général Ducrot dit en recevant cette communication : « Il est bien tard; » la responsabilité est bien lourde. N'importe ! nous la » supporterons avec résolution. »

Puis, se tournant vers ses officiers d'état-major, il ajouta :

« Il n'y a pas un instant à perdre. Il faut reprendre » notre plan d'hier. L'ennemi nous amuse sur notre » centre, pendant qu'il cherche à envelopper nos

(1) Le général de Wimpffen reproche amèrement au général Faure et aux officiers des états-majors général et particulier du maréchal de ne pas être venus lui offrir leurs services. La manière toute différente dont ils se sont comportés à notre égard donne lieu de supposer que le général Wimpffen est mal servi par ses souvenirs.

ailes — c'est son éternel mouvement de Capri-
» corne — cette fois, nous ne serons pas assez sots
» pour nous y laisser prendre. »

Aussitôt il envoie prévenir les commandants de
corps d'armée (1) que l'armée entière va se concentrer sur le plateau d'Illy.

Ordre est donné au général Forgeot, commandant
l'artillerie de l'armée, de faire filer immédiatement
tous les *impedimenta* de l'artillerie; les mêmes prescriptions sont données à l'intendance, relativement
aux voitures de l'administration (2).

Il fallait se hâter; de moment en moment le danger grandissait. Si le général Ducrot avait eu encore
quelques doutes sur la gravité de la situation, ce
qu'il venait de voir les aurait dissipés.

Quelques minutes avant de recevoir l'ordre du
maréchal, apporté par le commandant Riff, il avait
aperçu, des hauteurs de Givonne, à travers la brume
de grosses masses noires passant à près de 2 kilomètres, et allant, par rapport à lui, de droite à gauche.
Il leur avait fait envoyer quelques paquets de mitraille. Les groupes s'étaient dispersés et avaient
pris le pas de course en avant.

Dans le même moment, un paysan était venu lui
remettre un billet du maire de Villers-Cernay, annon-
çant que, depuis le matin, de nombreuses troupes
prussiennes passaient à Villers-Cernay et à Francheval. L'intention de l'ennemi était toute indiquée

_____

(1) Pourquoi, à ce moment-là, le général Wimpff a n'a-t-il
pas produit sa lettre de service et réclamé le commandement ?
(2) C'est ce qui explique comment plusieurs voitures d'artillerie et des services administratifs sont arrivées à Mocroy et
à Mézières.

par cette direction ; il voulait nous couper notre seule voie de retraite par Illy ; nous allions être enveloppés, si une décision rapide n'était pas prise.

« J'étais, écrivait quelques jours après le général
» Ducrot à un de ses amis, tout à ces tristes ré-
» flexions, quand on est venu m'annoncer que j'étais
» nommé commandant en chef de l'armée. Je n'hé-
» sitai pas un instant. Vainement mon chef d'état-
» major, mon aide de camp, me firent-ils des obser-
» vations, me disant que tout allait bien, que la
» journée ne faisait que commencer, qu'on pouvait
» attendre. — Attendre quoi? leur répondis-je, que
» nous soyons complétement enveloppés? Il n'y a
» pas un instant à perdre. Exécutez mes ordres,
» trève de réflexions (1). »

(1) Le général Ducrot n'avait reçu aucune instruction du maréchal ; il ignorait absolument quelles étaient ses intentions ; s'il avait voulu livrer une bataille offensive ou défensive ; s'il voulait reprendre sa marche sur Montmédy (les efforts faits par le 12e corps du côté de Bazeilles pouvaient le faire supposer) ou battre en retraite sur Mézières.

Dans ces conditions, le général Ducrot devait prendre un parti instantanément ; il l'a fait sans hésitation, et en admettant qu'il ne fût pas le meilleur, on ne saurait nier qu'il eût été préférable d'en poursuivre l'exécution que d'agir sans but déterminé et sans plan bien arrêté. Or, le général de Wimpffen dit lui-même qu'il a arrêté le mouvement de retraite commencé, parce qu'il voulait jeter les Bavarois dans la Meuse, pour revenir ensuite contre les corps ennemis qui étaient au nord de Sedan ; ailleurs, il dit qu'il voulait tenir les positions jusqu'à la nuit ; enfin, il prétend qu'il voulait percer par Carignan, dans la direction de Montmédy. De là ces ordres, ces contre-ordres, ces fluctuations qui ont contribué à jeter l'armée dans un désordre indescriptible et à la réduire à une impuissance absolue.

Et le général part au galop dans la direction du 12ᵉ corps pour voir si le général Lebrun se conformait à ses prescriptions.

Les échelons en retraite se formant par la droite, le 12ᵉ corps devait donc commencer le mouvement. Le général Wolf à l'extrême gauche (1ʳᵉ division du 1ᵉʳ corps) devait rester le dernier et se retirer par les bois de la Garenne en se défendant pied à pied.

Entretien du général Ducrot avec le général Lebrun.

Le général Ducrot trouva le commandant du 12ᵉ corps pied à terre; il venait de recevoir une contusion.

« Vous a-t-on communiqué mes ordres, avez-vous » commencé le mouvement? » lui dit le général en chef. — « Je vous ferai remarquer, répond le général » Lebrun, que nous avons l'avantage; les Bavarois » reculent; nos soldats vont bien, ce serait dommage » de ne pas en profiter. Je crains qu'un mouvement » de retraite ne les décourage et ne se change bien- » tôt en déroute. — Mon cher ami, reprend le géné- » ral Ducrot, il n'y a pas à hésiter; pendant que l'en- » nemi nous amuse de votre côté, il est en train de » manœuvrer pour nous envelopper. Ce qui se passe » ici n'est pas sérieux; la véritable bataille sera bien- » tôt derrière nous, du côté d'Illy. Vous voyez bien, » ajoute le général en lui montrant les hauteurs qui » s'étendent du calvaire d'Illy à Floing, vous voyez » bien ce grand plateau, il faut concentrer notre » armée dans cette direction. Cela fait, notre gauche » solidement appuyée à Illy, notre droite couverte » par Sedan, nous serons en bonne situation. Si je » me suis trompé, si mes prévisions ne se réalisent » pas, si l'ennemi ne vient pas à nous sur nos der-

2

» rières et se borne à nous attaquer de front, eh bien!
» nous ferons un retour offensif sur notre centre et
» nous le précipiterons dans le ravin de Givonne. Je
» vous le répète, il n'y a pas d'hésitation à avoir. —
» Exécutez mes ordres. »

Le général Lebrun n'insista plus et dit qu'il allait
tout de suite commencer le mouvement.

On comprend qu'il était pénible pour le commandant du 12e corps d'abandonner de bonnes positions,
d'interrompre un succès. Mais à la guerre il faut savoir faire des sacrifices et les faire vite. Souvent deux
buts se présentent; il faut abandonner l'un et courir
à l'autre. Qui veut atteindre les deux hésite, tergi-
verse et, en partageant ses moyens, les annule.

Ce n'était évidemment pas dans l'espoir d'une victoire que le général en chef avait pris la résolution
d'abandonner le plateau de Givonne et de ne pas
poursuivre le petit avantage du 12e corps; mais si
la victoire n'était plus à espérer, il fallait faire tout
ce qui était humainement possible pour s'ouvrir un
passage. Différer, attendre, c'était s'enlever les
moyens de le faire.

Possibilité de se retirer par le Nord au moment où le général Ducrot prend le commandement.

A tout prix, il fallait passer. Percer par Carignan?
si le 30 et le 31 c'était courir à une perte certaine,
maintenant que l'ennemi avait franchi le Chiers en
grandes forces, c'eût été de la folie. Pour qui a vu le
terrain ou sait lire sur une carte, cette hypothèse
n'est pas discutable.

Mais restait la route du Nord. A sept heures et demie, au moment où le général ordonnait le mouvement de retraite, elle n'était pas réellement fermée et
pouvait encore nous sauver.

En effet (voir sur les cartes, à la fin de l'ouvrage, les positions de l'armée allemande le 31 au soir et le 1er au matin), l'avant-garde du 11e corps prussien, qui avait franchi la Meuse à Donchery et longé la presqu'île d'Iges, se trouvait à cette heure fort en l'air à Vrigne-aux-Bois ; il y avait tout lieu de croire qu'il serait possible de la bousculer pendant que le reste de l'armée, solidement établi à Illy, contiendrait au centre et à la gauche les efforts de l'ennemi cherchant, sous le feu de la place de Sedan, à gravir les hauteurs du bois de la Garenne. Le 5e corps allemand, qui, plus tard, devait se joindre au 11e, avait quitté Chémery dans la journée et se trouvait encore loin du champ de bataille. Au delà, on ne rencontrait plus que la division wurtembergeoise, qui n'était pas à redouter. Deux jours après, le général Ducrot devait apprendre, de la bouche même de ses adversaires, à quel point cet espoir était alors réalisable ; mais dans cette guerre malheureuse, il était dit que nous ne saurions ni ne voudrions profiter de rien.

Après la capitulation, le général Ducrot s'étant rendu à Donchery (1) s'entretint quelque temps avec le général de Blümenthal, major général du prince royal, qui lui avoua que, pendant une grande partie de la journée du 1er, il avait été fort inquiet, redoutant un effort désespéré de notre part du côté du Nord « et de ce côté, lui dit-il, je n'avais, jusqu'à une » heure du soir, que 200 bouches à feu soutenues

(1) Le général était allé au quartier général du prince royal de Prusse demander que des distributions de vivres fussent faites à l'armée prisonnière, et que le transport des officiers s'effectuât dans certaines conditions.

» par quelques escadrons de cavalerie. — C'était
» bien téméraire, lui dit le général français. —Témé-
» raire ? non ; audacieux, oui. Mais à la guerre, vous
» savez, général, qu'il faut agir d'après le moral de
» ses adversaires. Nous vous savions bien abattus.
» Nous pouvions donc beaucoup oser. »

Supposons, pour tout élucider (nous avons été si
malheureux qu'il faut prévoir l'impossible), supposons que nous eussions échoué devant les batteries
de Blümenthal, nous barrant la route de Sedan à
Mézières par Floing et Vrigne-aux-Bois ; il restait,
nous le répétons encore, les chemins vicinaux et les
sentiers qui courent à travers bois entre la route et la
frontière ; enfin, ressource *in extremis*, il y avait, derrière nous, la Belgique !

Mouvement de retraite du 12e corps et des 2e et 3e divisions du 1er corps. Le 12e corps commence donc son mouvement de
retraite en échelons par brigade.

La division de Vassoignes est portée en arrière
dans la direction du plateau pour former le premier
échelon de droite ; en même temps, les divisions
Lhériller et Pellé du 1er corps qui, étant en seconde
ligne, n'avaient pas été engagées, exécutaient leur
mouvement et venaient s'établir avec l'artillerie de
réserve et l'artillerie divisionnaire à hauteur du bois
de la Garenne, le tout dans un ordre parfait.

Pour mieux protéger la retraite, le commandant en
chef prenait la précaution suivante : la division de
Lartigues, qui avait passé le matin le ravin de la
Givonne à Daigny pour se porter face au bois Chevalier, y fut laissée malgré sa position un peu risquée.

Le général avait d'abord donné l'ordre de la faire revenir, puis se ravisant, il dit à l'officier d'état-major prêt à partir :

« Non, attendez. Je ferai prévenir Lartigues plus
» tard ; il est très important que nous restions maî-
» tres de Daigny le plus longtemps possible ; c'est
» le seul point où il existe un pont pour le passage
» de l'artillerie ennemie. Lartigues saura bien s'y
» maintenir ; dans tous les cas, l'affaire est assez im-
» portante pour que je ne craigne pas de compro-
» mettre cette division. » Toutefois, il retint la 2ᵉ brigade de la division de Lartigues qui n'avait pas encore franchi le ravin.

La division de Lartigues est maintenue sur la rive gauche du ruisseau de Givonne.

L'Empereur, qui, monté à cheval dès le matin, se trouvait au milieu de l'action avec le 12ᵉ corps, fut surpris du mouvement rétrograde de l'armée, et malgré son désir de ne vouloir en rien influencer les décisions de ses généraux, il ne put s'empêcher d'envoyer demander au commandant en chef des explications.

« — Sa Majesté a remarqué, vint dire au général
» Ducrot le capitaine Guzman, officier d'ordonnance
» de l'Empereur, un mouvement de retraite qui sem-
» ble s'accentuer de la droite à la gauche, et cela
» dans un moment où nous semblions avoir l'avan-
» tage vers la droite. L'Empereur ne se rend pas
» compte de ce mouvement, et m'envoie vous deman-
» der des éclaircissements à ce sujet.

» — Monsieur, vous direz à Sa Majesté que ce qui
» se passe à notre droite est insignifiant. L'ennemi
» nous amuse là, pendant qu'il manœuvre pour en-
» velopper nos ailes, et c'est derrière nous, vers Illy,

2.

» que se livrera la vraie bataille. Dites à l'Empereur
» que je prends mes dispositions en conséquence ;
» j'exécute mes mouvements de retraite et de con-
» centration avec ordre, mais le plus rapidement pos-
» sible. Rien ne saurait les arrêter. »

Soit que l'Empereur se fût rendu aux raisons du général, soit qu'il ne voulût pas sortir de son rôle de spectateur, il n'apporta aucun obstacle aux mouvements de retraite.

Ce que le souverain de la France laissait faire, un général venu de la veille allait l'empêcher.

Le général de Wimpffen voyant le succès obtenu à la droite réclame le commandement.

Arrivé le 30 à l'armée, le général de Wimpffen, en se promenant dans la matinée du 1er septembre à travers les positions du 5e corps, s'était aperçu que l'affaire marchait bien à droite, que le 12e corps se maintenait ferme dans Bazeilles et faisait même plier les Bavarois. Trompé par ces apparences, il crut que, l'avantage s'accentuant, ce succès était le commencement d'une victoire. Alors il voulut que la journée fût sienne, et, produisant un pli de Paris émanant du comte de Palikao, se déclara commandant en chef ! !

Bulletin du général de Wimpffen au général Ducrot.

Le général Ducrot voyait avec satisfaction son mouvement de retraite parfaitement se dessiner. La division de Vassoignes, les divisions Pellé et Lhériller avaient accentué leur marche dans la direction indiquée, quand, vers neuf heures, il reçut l'ordre suivant :

« *Le général de Wimpffen au général Ducrot.* —
» L'ennemi est en retraite sur notre droite. J'envoie
» à Lebrun la division Grandchamp. Je pense qu'il
» ne doit pas être question en ce moment de mou-
» vement de retraite. J'ai une lettre de commande-
» ment de l'armée du ministère de la guerre; mais
» nous en parlerons après la bataille. Vous êtes plus
» près de l'ennemi que moi; usez de toute votre éner-
» gie et de tout votre savoir pour remporter la vic-
» toire sur un ennemi dans des *conditions* (1) désavan-
» tageuses. En conséquence, soutenez vigoureuse-
» ment Lebrun tout en surveillant la ligne que vous
» étiez chargé de garder. »

Aussitôt le général Ducrot partit à la recherche du
général de Wimpffen et l'abordant, lui dit : « Je ne
» viens pas vous contester le commandement, quoi-
» que je l'aie reçu du maréchal de Mac-Mahon et qu'il
» m'ait été confirmé par l'Empereur. Ce n'est pas le
» moment d'élever de pareils conflits. Je suis prêt à
» vous seconder de tous mes efforts. Mais permettez-
» moi de vous faire observer que je suis en présence
» des Prussiens depuis près de deux mois, que mieux
» que vous je connais leur manière de faire, que j'ai

Discussion entre le général de Wimpffen et le général Ducrot.

(1) Dans l'ouvrage qu'il a publié sur Sedan, le général de
Wimpffen, en reproduisant ce billet adressé au général Ducrot,
change le mot de *conditions* en celui de *positions*. Là, en effet,
est le secret de la conduite de cet officier général; il croyait
alors l'ennemi dans des *conditions* réellement désavantageuses;
il regardait la victoire comme possible et même comme probable, et c'est pour ce motif qu'il réclama le commandement.
Le billet original est entre les mains du général Ducrot; il dif-
fère, comme on le voit, en plusieurs points, de celui que reproduit, de mémoire évidemment, le général de Wimpffen dans
son ouvrage.

» étudié la situation, le terrain, qu'il est évident pour
» moi que l'ennemi est en train de manœuvrer pour
» nous envelopper. Je l'ai vu de mes yeux, et ce bil-
» let que voici du maire de Villers-Cernay, annon-
» çant le passage de troupes ennemies depuis ce
» matin, ne peut laisser aucun doute. Au nom du sa-
» lut de l'armée, je vous adjure de laisser continuer
» le mouvement de retraite. Dans deux heures il ne
» sera plus temps. »

De Wimpffen — : « Mais pourquoi voulez-vous
» battre en retraite, quand Lebrun a l'avantage?
» N'est-il pas vrai? » ajouta-t-il en interpellant ce
général qui se trouvait là : « N'est-il pas vrai, Lebrun,
» que vous avez l'avantage? »

Le général Lebrun répondit dans le sens du général de Wimpffen, et dit qu'on *pouvait attendre* pour
commencer la retraite, si les circonstances ulté-
rieures en démontraient la nécessité.

De Wimpffen : — « Oui, nous n'avons que de la
» cavalerie derrière nous ; nous n'avons pas à nous
» en inquiéter. Le général Douay la maintiendra.

» Quant à nous, réunissons tous nos efforts pour
» écraser ce qui est devant Lebrun. »

Ducrot : — « Mais où voulez-vous qu'aille cette
» infanterie qui passe depuis ce matin à Francheval
» et à Villers-Cernay, si ce n'est à Illy? »

De Wimpffen : — « Illy? Qu'est-ce que c'est qu'Illy? »

Ducrot : — « Ah! vous ne savez pas ce que c'est
» qu'Illy? eh bien! regardez. »

Et, étalant une carte sur l'arçon de sa selle, il
ajouta : « Voyez ce coude de la Meuse qui se relève
» vers le Nord, et ne laisse qu'un étroit espace en-

» tre la rivière et la frontière belge. Il n'y a là qu'un
» unique point de passage, c'est Illy ! Si l'ennemi s'en
» empare, nous sommes perdus. »

Le général Wimpffen daigna jeter à peine un coup
d'œil sur la carte, et dit : « Oui, oui, tout cela est
» très-bien ; mais pour le moment Lebrun a l'avan-
» tage, il faut en profiter. Ce n'est pas une retraite
» qu'il nous faut, c'est une victoire ! »

« — Ah ! il vous faut une victoire ? Eh bien ! nous
» serons trop heureux si nous avons une retraite ce
» soir ! »

Et, piquant des deux, le général Ducrot partit au
galop la mort dans l'âme.

Néanmoins, voulant faire jusqu'au bout son métier
de soldat, il fait, suivant l'ordre reçu, redescendre
aux deux divisions Pellé et Lhériller une partie des
positions qu'elles avaient gravies peu d'instants aupa-
ravant, puis il pousse jusqu'au bois de la Garenne
pour voir comment il était gardé.

Le général Ducrot porte ses troupes en avant.

Là, il constate que les troupes chargées de ce soin
s'en acquittaient fort mal et qu'elles étaient beaucoup
plus préoccupées de se mettre à l'abri, en s'enfonçant
dans l'épaisseur du bois, que de surveiller ce qui se
passait sur la lisière nord. Voyant que le général qui
les commandait avait mis pied à terre et se tenait
vers la partie sud, il lui fit sèchement observer que
sa présence serait plus utile au Nord, c'est-à-dire du
côté de l'ennemi.

Il était alors dix heures et demie. L'Empereur qui
s'était rendu aux raisons du commandant du 1er
corps avait, assure-t-on, vu avec inquiétude le rem-
placement de ce général par le général de Wimpffen

L'Empereur craint que l'armée ne soit enveloppée.

venant changer encore une fois l'ordre de bataille. Plein d'anxiété, il veut gagner les hauteurs dominantes pour voir par lui-même. Comme il traversait le fond de Givonne, un officier de chasseurs à pied s'approche vivement de lui (1) : « Sire, dit-il, je suis du pays, je le connais parfaitement. Si on nous laisse tourner par Illy, nous sommes perdus. »

Encore sous l'impression de ces paroles, l'Empereur rencontre le général de Wimpffen et lui en fait part.

« Que Votre Majesté ne s'en inquiète pas! dans » deux heures je les aurai jetés dans la Meuse. »

« Plaise à Dieu, murmure un officier général de » la suite, que ce ne soit pas nous qui y soyons je-» tés ! »

Tout le monde voyait le danger. Seul le général en chef semblait ne pas s'en douter.

A onze heures on entend la canonnade du côté de Floing et de Fleigneux.

Vers onze heures, une violente canonnade se faisait entendre dans la direction de Floing d'abord et de Fleigneux ensuite. Toujours aux écoutes de ce côté, le général Ducrot envoie un officier au général Douay pour avoir des nouvelles; au bout d'un quart d'heure le bruit du canon s'élevant de plus en plus, plein d'anxiété, il prend le galop et court au calvaire d'Illy.

Le 7ᵉ corps est très-ébranlé.

Comme il se portait dans cette direction, il est arrêté par un torrent d'hommes et de chevaux; infanterie, cavalerie, artillerie, tout se précipite pêle-mêle; en vain cherche-t-il à arrêter ce débordement. — Personne ne l'écoute. Tout fuit. Au même instant,

(1) Lettre du général Pajol, aide de camp de l'Empereur.

il aperçoit le long du bois de la Garenne un régiment
te cuirassiers qui filait au trot, mais en ordre. Il
court à lui, adjure son chef de s'arrêter, de maintenir
quelques instants la position. « Dans un instant je
» vous amènerai du renfort. » Et il se dirige de toute
la vitesse de son cheval à la recherche du général de
Wimpffen. Il le trouve au sud du bois de la Garenne.

« Les événements que je vous annonçais, lui dit-il,
» se sont produits plus tôt que je ne le pensais.
» L'ennemi attaque le calvaire d'Illy. Douay est fort
» ébranlé. Les instants sont précieux. Hâtez-vous
» d'envoyer des renforts, si vous voulez conserver
» cette position. »

De Wimpffen. — « Eh bien ! chargez-vous de cela,
» réunissez tout ce que vous trouverez de troupes de
» toutes armes et maintenez-vous bon par là, tandis
» que moi je m'occuperai du 12ᵉ corps. »

Lorsqu'au matin le général de Wimpffen avait pris
le commandement, l'avantage de Lebrun pouvait lui
faire espérer une victoire sur un ennemi placé dans
des *conditions désavantageuses*, comme il l'écrivait au
général Ducrot: une fois les Bavarois « jetés à la
Meuse » il comptait revenir sur les assaillants placés
de l'autre côté de Sedan.

Mais au moment où il ordonnait de se *maintenir
bon* à Illy, tandis que lui se chargeait du 12ᵉ corps
occupant la Moncelle et Balan, il avait alors renoncé
à sa victoire ; il ne comptait plus jeter les Bavarois à
l'eau. Il espérait uniquement se maintenir dans ses
positions, et ne songeait nullement *à faire une trouée
par Carignan.* Du moins, il n'en a pas dit un mot au

A ce mo-
ment, le gé-
néral de
Wimpffen ne
snge pas à
percer par
Carignan, il
compte seu-
lement se
maintenir
dans ses po-
sitions.

général Ducrot, qui, ayant le dos tourné à Carignan, puisqu'il se portait sur Illy, devait au moins être averti de ce que le commandant en chef comptait faire de ce côté.

Si le général de Wimpffen lui en avait parlé, il n'aurait pas manqué, vu les raisons énoncées plus haut, de protester énergiquement contre la possibilité de ce mouvement.

Conformément aux ordres reçus, le général Ducrot donne l'ordre au général Forgeot d'amener sur le plateau faisant face à Fleigneux et à Floing tout ce qui restait d'artillerie disponible. Il commande au colonel Robert de faire remonter vers la crête les divisions Pellé et Lhériller, et envoie chercher tout ce qui reste de cavalerie disponible. Ces différents ordres sont donnés au nom du général de Wimpffen pour éviter les hésitations.

Le 7ᵉ corps et le 1ᵉʳ ne peuvent se maintenir entre Floing et Illy.

Toute la partie Nord-Ouest du champ de bataille, entre Floing et Illy, était battue depuis onze heures par un épouvantable feu d'artillerie. L'infanterie allemande n'a pas encore paru, mais à une heure, le grand mouvement circulaire du 11ᵉ et du 5ᵉ corps par Vigne-aux-Bois, ainsi que celui du corps de la garde, par Villers-Cernay et Fleigneux, est déjà très nettement dessiné. Sur notre gauche s'avancent en masses profondes les bataillons du 11ᵉ corps soutenus par une fraction du 3ᵉ. Il faut les arrêter.

Dévouement héroïque de la cavalerie.

Le général Ducrot appelle le général Margueritte qui se tenait avec la 1ʳᵉ division de cavalerie de réserve, vers le calvaire d'Illy. Il le guide lui-même, et, longeant les batteries établies sur la crête, entre le bois de la Garenne et Floing, les dépasse et lui dit :

« Vous allez charger par échelons sur notre gauche. Après avoir balayé ce qui est devant nous, vous vous rabattrez à droite et prendrez en flanc toute la ligne ennemie. » Ce remarquable officier général se porte en avant avec son état-major pour reconnaître le terrain, et reçoit une blessure mortelle. Plusieurs de ses officiers tombent autour de lui. Le général de Galliffet prend le commandement de la division. Une partie de la division Salignac-Fénelon est amenée, et se prépare également à prendre une part active à la lutte.

Ces braves cavaliers, officiers et généraux en tête, s'élancent en avant de toute la vitesse de leurs chevaux. Malgré une pluie de balles et de mitraille, la première ligne ennemie est sabrée et dispersée. La seconde ligne est abordée avec la même ardeur, mais ils ne peuvent la briser. Les bataillons prussiens déployés au centre, formés en carré sur les ailes, les jettent à terre par des feux bien dirigés. Repoussés, les escadrons retournent en arrière, se reforment et se précipitent de nouveau, faisant ainsi une charge continue. Le roi Guillaume, qui du haut des hauteurs de Frénois assistait à ce spectacle, ne put s'empêcher d'applaudir et de s'écrier : «Oh ! les braves gens (1) ! »

Il y a deux siècles, non loin de ce champ de bataille de Sedan, un autre Guillaume, ne pouvant nous arracher la victoire, furieux de l'impassibilité de nos escadrons sous le feu de son artillerie, s'était écrié : « Oh ! l'insolente nation ! » (Neerwinden.)

_____

(1) Récit fait quelques jours après par le prince royal au général Ducrot.

Cette fois, hélas! le succès n'était pas douteux, et le Guillaume de Sedan pouvait s'écrier sans amoindrir sa gloire : « Oh! les braves gens! »

Belle attitude de l'artillerie.

L'artillerie ne se montre pas moins admirable que la cavalerie. Accourues en toute hâte, deux batteries de la réserve sont pulvérisées en quelques instants par le feu de 50 pièces ennemies. D'autres les remplacent immédiatement, prennent de meilleures dispositions et répondent énergiquement. Pendant quelque temps, elles parviennent à attirer sur elles tous les efforts de l'artillerie ennemie, ce qui permet à la cavalerie et à l'infanterie de tenter un dernier effort. Mais, indépendamment de notre faiblesse numérique, de notre infériorité de tir et de portée, la configuration du terrain, par sa forme circulaire, nous est encore contraire. Nos coups sont divergents, tandis que l'ennemi, occupant une ligne circonscrite à la nôtre, fait converger tous ses feux. Les projectiles viennent à la fois de face, de gauche et de droite. Bientôt la place n'est plus tenable, les affûts sont brisés, plusieurs caissons sautent à la fois, et les batteries se retirent en abandonnant une partie de leur matériel.

Le général Ducrot essaie d'entraîner l'infanterie.

Pendant que l'artillerie et la cavalerie faisaient ces nobles efforts, le général Ducrot à la tête de son état-major cherchait à entraîner les quelques bataillons ou fractions de bataillon qu'il avait pu grouper autour de lui. Mais ces troupes exposées depuis le matin au feu de plus de 400 pièces, portées tantôt en avant, tantôt en arrière, impuissantes à répondre directement à un ennemi invisible qui les couvrait de

projectiles, se voyant enfin enveloppées de toutes
parts, n'avaient plus ni élan, ni énergie.

Par trois fois le général Ducrot essaye de les enlever. Il les appelle, les encourage et cherche à leur
communiquer l'ardeur et la colère qui l'animent.
Quelques braves se précipitent, les autres suivent,
mais, accablés, ils reculent et se débandent. Lorsque
la cavalerie est ramenée en désordre pour la troisième fois, les dernières troupes d'infanterie restées
encore solides se disloquent. Alors de la droite à la
gauche les lignes prussiennes s'avancent en poussant
leurs hurrahs ! dont les éclats se mêlent à ceux de la
canonnade et de la mousqueterie. La confusion se
met dans nos rangs et tous en désordre se précipitent dans la direction de Sedan, où instinctivement
chacune des fractions de l'armée va s'engloutir.

Voici dans quels termes le rapport allemand ap-
précie les efforts faits par le général Ducrot dans la
direction d'Illy et de Floing :

« Vers une heure environ s'avancèrent l'infante-
» rie du 11e corps et la 19e brigade de l'aile droite
» du 5e corps pour attaquer dans la direction de
» Floing.

» L'ennemi se défendit avec le courage du déses-
» poir, mais, malgré ses efforts, l'infanterie, soute-
» nue très fortement par ses batteries, réussit à oc-
» cuper la portion de terrain située devant Floing.

» Plusieurs retours offensifs, surtout faits par la
» cavalerie, et dont la vivacité donnait à supposer
» l'intention de faire la trouée, vinrent échouer de-
» vant le calme inébranlable des bataillons du 11e
» corps et des fractions du 5e corps qui les ap-

» puyaient. Les attaques furent reçues : partie en
» carré, partie en ligne, et furent toutes repoussées
» par un feu calme, bien ajusté, qui coucha à terre
» la plus grande partie des assaillants et rejeta le
» reste dans Sedan.

» A trois heures de l'après-midi, l'ennemi était déjà
» sur divers points en pleine retraite sur la forteresse.

» Le 5e corps avait pendant ce temps efficacement
» préparé par son artillerie de réserve l'attaque gé-
» nérale contre Illy et la position dominante qui y
» touche. Elle était parfaitement secondée par une
» troisième batterie de réserve du 3e corps, qui avait
» pris position à l'Est de Floing.

» Un violent combat embrasa les hauteurs au Sud
» d'Illy et les parcelles de bois qui s'y trouvent. A
» trois heures, il s'éteignit. L'ennemi se trouvait, là
» aussi, en retraite à travers le bois de la Garenne,
» sur la forteresse.

» Ainsi, à ce moment de l'après-midi, on avait
» achevé de cerner complétement l'armée française
» en rase campagne. »

Quant à la fameuse sortie faite par le général de
Wimpffen sur Balan, vers cinq heures, le rapport allemand n'en dit pas un mot. En effet, ce ne fut jamais une chose sérieuse; il suffit de lire le récit du
général Lebrun pour en être convaincu. (Page 280 de
l'ouvrage du général de Wimpffen.)

« Je ne supposerai jamais que le général de Wimpf-
» fen ait pu considérer comme un ordre qu'il me
» donnait de tenter une trouée sur Carignan la pro-
» position qu'il vint me faire au centre du village de
» Balan, où je me trouvais, de reprendre l'offensive

» avec les deux ou trois mille hommes que nous pou-
» vions alors réunir autour de nous... Non, dans
» cette dernière entrevue du général en chef avec
» moi, dans ce dernier épisode de la bataille, il ne
» s'agissait pas, il ne pouvait s'agir d'une tentative
» de trouée sur Carignan, non plus que d'un passage
» à ouvrir de ce côté pour la personne de l'Empe-
» reur. Ce que j'ai pensé et ce que je pense encore
» aujourd'hui de la proposition faite par le général
» de Wimpffen dans le moment que j'ai indiqué, c'est
» qu'il n'était pas possible d'y voir autre chose qu'un
» dernier appel désespéré et irréfléchi adressé à une
» poignée de soldats impuissants à y répondre. »

Avant de poursuivre ce récit, arrêtons-nous pour
examiner quelle était à ce moment la situation de
chacune des quatre divisions du 1er corps. Dispersées
sur une immense circonférence par suite de fausses
manœuvres, d'ordres et de contre-ordres, isolées les
unes des autres (plusieurs même divisées et placées
dos à dos), sans possibilité de se prêter le moindre
appui, nos divisions avaient été réduites à lutter sur
place sans but précis, sans objectif déterminé. Au
milieu d'elles, une cavalerie en désordre, qui ne pouvait être utilisée, errait de ravin en ravin, cherchant
vainement un pli de terrain où elle fût à l'abri des
obus qui pleuvaient de toutes parts.

La 1re division (général Wolf) était restée sur les
hauteurs de Givonne, tenant ferme cette excellente
position; mais, complétement isolée et débordée par
sa gauche, elle avait dû se replier vers la partie Est
de la ville, et, à ce moment, le général Wolf recevait
une grave blessure.

La 2ᵉ division (général Pellé), réduite à la brigade Gandil, s'était épuisée en vains efforts dans la direction d'Illy, et, après l'évacuation des hauteurs du Calvaire et du bois de la Garenne, s'était trouvée entraînée dans la déroute générale et refoulée vers la partie Nord de la ville. La brigade de Montmarie, complétement isolée, était restée sur le bord du ravin de Givonne.

La 3ᵒ division (général Lhériller), au moment où elle se portait dans la direction du Nord sur les traces de la 2ᵉ, avait été prise en travers par une avalanche de cavalerie fuyant en désordre et s'était trouvée dispersée sans avoir combattu, elle était, au reste, réduite à sa 2ᵉ brigade ; la première (général Carteret) combattait avec le 12ᵉ corps ; son général était blessé et ses troupes refoulées vers le Vieux-Camp.

La 4ᵉ division (général de Lartigues) avait eu sa 1ʳᵉ brigade (général Fraboulet) engagée dès le matin sur la rive gauche de la Givonne ; écrasée par des forces supérieures, elle avait lutté pied à pied, s'était maintenue avec acharnement dans le village de Daigny, mais débordée par sa droite et par sa gauche, elle avait été anéantie ou dispersée. Les généraux de Lartigues, Fraboulet, le chef d'état-major colonel d'Andigné étaient gravement blessés.

La division de cavalerie Margueritte, qui avait répondu avec un si héroïque dévouement à l'appel du commandant du 1ᵉʳ corps, était également anéantie ou dispersée. Son général de division, le brave Margueritte, était blessé mortellement, le général Tillard était tué, le colonel Cliquot, du 1ᵉʳ chasseurs d'Afrique, les lieutenants-colonels de Gantès, du 1ᵉʳ hussards, de Linières, du 3ᵉ chasseurs d'Afrique, étaient tués ; le lieutenant-colonel Ramond, du 1ᵉʳ chasseurs d'Afrique, blessé grièvement. Le 1ᵉʳ hussards comptait à lui seul 8 officiers tués, 14 blessés. Le colonel de Bauffremont avait eu deux chevaux tués sous lui. La division de Salignac-Fénelon avait également subi des pertes cruelles. Son chef avait reçu une blessure grave.

Quant à l'artillerie, nous avons dit quel avait été son rôle, avec quelle abnégation elle s'était sacrifiée sans tenir compte de son impuissance.

Et c'est après nous avoir plongés dans cette horrible situation que M. le général de Wimpffen ose nous accuser d'avoir refusé de lui prêter notre concours pour tenter l'on ne sait quelle entreprise insensée dans la direction de Carignan.

En vérité, c'est trop d'injustice ou d'aveuglement ! Mais que voulait-il ? Que pouvait-il espérer en se lançant dans cette direction ? La route de Carignan est dans le fond de la vallée ; elle longe la rive droite du Chiers, est dominée à gauche et à droite par des hauteurs garnies d'une formidable artillerie et de nombreux bataillons. En supposant que l'on eût pu déboucher du village de Bazeilles et parvenir jusqu'à Douzy, ne trouvait-on pas là un obstacle insurmontable ? N'était-on pas coupé complétement par les troupes ennemies qui, maîtresses des hauteurs, tombaient sur notre flanc gauche par la route qui descend perpendiculairement des hauteurs de Francheval sur la route de Sedan à Carignan ? En admettant qu'on ait pu concevoir la pensée de percer dans cette direction, n'était-ce pas par le chemin de la montagne (celui suivi la veille par le 1er corps) qu'il fallait tenter son effort? Mais en réalité la chose n'était pas plus possible d'un côté que de l'autre.

Que serait-il advenu au contraire, si le mouvement de concentration ordonné par le général Ducrot avant huit heures du matin se fût continué avec calme et avec ordre?

N'est-il pas à peu près certain que vers onze heures la majeure partie de l'armée se serait trouvée concentrée en bon ordre sur les hauteurs qui s'étendent entre Saint-Menges, le calvaire d'Illy et Fleigneux? nos 200 bouches à feu en batterie sur ces excellentes positions voyaient venir les têtes de colonnes ennemies, les empêchaient de se déployer, les écrasaient peut-être. Nos quatre divisions de cavalerie (environ 60 escadrons), manœuvrant avec l'appui de cette puissante action, débordaient la gauche de l'ennemi et pouvaient enlever sa nombreuse artillerie si témérairement engagée sur nos derrières, sans autre appui que celui de quelques escadrons. La route du N.-O. était complétement déblayée et nos divisions d'infanterie maintenant facilement l'ennemi engagé dans les fonds de Givonne (voir le rapport allemand), pouvaient faire leur retraite en bon ordre ou s'écouler lestement par les bois qui s'étendent d'Illy et Fleigneux à la frontière belge.

Nous le répétons, il y avait chances, grandes chances d'un succès relatif..... et, dans tous les cas, nous ne laissions pas se former autour de nous ce cercle de fer et de feu qui devait nous étouffer et nous broyer.

Oh! lorsqu'on repasse ces douloureux souvenirs

dans sa mémoire, n'est-on pas pris d'un affreux désespoir et n'a-t-on pas le droit de maudire l'aveuglement et la folle présomption de celui qui a poussé
dans cet horrible gouffre de Sedan la dernière armée
de la France, lui enlevant ainsi la dernière chance
de salut et infligeant à son drapeau une honte ineffa-
çable (1) !

Débordé de toutes parts et suivant à distance ce
torrent de fuyards, le général Ducrot arrive sous les
murs de la citadelle. Conduit par M. Debord, capitaine
adjudant-major au 74ᵉ, il gagne à travers un dédale

Ducrot arrive
sous les murs
de la citadel-
le.

Le général

(1) Le hasard vient de nous faire tomber sur un passage
d'un livre peu connu sans doute : *Mémoire sur la défense de la
Sarre, de la Moselle et de la Meuse,* par M. le Marquis de
Bouillé.

« On prépara un camp retranché pour une armée de qua-
» rante ou cinquante mille hommes, sous Sedan, sur les hau-
» teurs de Givonne, d'Illy et de Fleigneux, et un autre pour
» cinq ou six mille hommes destinés à couvrir cette place
» quand l'armée s'en éloignera, et qui, sans cette protection,
» ne peut guère soutenir un siége.
» Le principal inconvénient de Sedan est d'être obstrué par
» des maisons accumulées pour contenir des manufactures et les
» nombreux ouvriers qu'elles occupent. Ce défaut disparaîtrait
» en donnant à cette ville des emplacements d'une grande
» étendue par une extension de l'enceinte du côté de la prai-
» rie. Cette partie, déjà garantie par une inondation sûre,
» exigerait peu de dépense et procurerait une place du pre-
» mier ordre.
» Au commencement de 1792, on imagina, pour suppléer
» provisoirement aux inconvénients de Sedan, de construire
» un camp retranché sur les hauteurs de la Garenne ; *position
» qui n'était qu'un diminutif d'une autre beaucoup plus étendue
» en avant (Illy, Floing et Fleigneux),* et qui exige de grandes
» forces pour l'occuper. »
Ces lignes, écrites en novembre 1792, ne donnent-elles pas
raison à notre mouvement de retraite ordonné le 1ᵉʳ septembre 1870.

3.

de ruelles et de jardins le chemin couvert de la place. Ce jeune et énergique officier, attaché à l'état-major général du 1er corps depuis le matin, avait rendu les plus grands services. Né à Sedan, il connaissait comme chasseur infatigable le moindre pli de terrain, le plus petit sentier. C'est lui qui avait dit au général que le chemin de la montagne était très praticable, que toute la forêt au nord d'Illy et de Saint-Menges était percée d'excellents chemins vicinaux par lesquels l'armée pouvait faire retraite dans la direction de Rocroy, dans le cas où la route serait coupée (1).

Arrivé sous les murs de Sedan, le général Ducrot ignorait entièrement quelles étaient ses ressources.

Il savait seulement, ayant fait du système de défense de la France une étude particulière (2), que cette ville *classée comme place forte* était intenable ainsi que toutes nos places construites du temps de Vauban, où la portée maximum du canon était de 5 à 600 mètres! Mais il ne savait pas si elle était armée, approvisionnée en vivres et en munitions, si on avait construit quelques ouvrages extérieurs pouvant offrir un abri à une armée en retraite. Venu très-tard sur le champ de bataille, il n'avait pu, le 31 au soir, se mettre en communication avec le maréchal de Mac-Mahon, prendre ses ordres, connaître ses intentions. Au moment où le combat s'était engagé le 1er au matin,

____

(1) Une grosse fraction du 3e zouaves, n'ayant pas reçu l'ordre de discontinuer le mouvement de retraite ordonné par le général Ducrot, poursuivit sa marche vers le Nord et arriva par les bois à Rocroy.

(2) *Système de défense de la France.* par A. Ducrot. — Édition Dentu.

n'ayant reçu aucune instruction du grand quartier général, il ignorait absolument si le Maréchal avait l'intention de séjourner, de livrer bataille ou de battre en retraite vers Mézières. C'est dans ces conditions qu'il avait pris le commandement.

Comme le général descendait dans le fossé de la citadelle, où il se trouva réuni à plusieurs généraux, un de ses officiers d'ordonnance s'écria : « Le dra- » peau blanc est hissé. Serait-ce le drapeau parle- » mentaire ? — Ce n'est pas possible, dit le général, » c'est plutôt un drapeau d'ambulance dont la croix » rouge a été effacée par la pluie. »

Arrivé à la poterne du bastion, il eut grand'peine à se frayer un passage à travers les mourants, les blessés, les fuyards entassés pêle-mêle sous cet abri, car les obus éclataient déjà dans les fossés.

En débouchant dans la cour de la citadelle, le gé- néral Ducrot vit le général Dejean. Il alla à lui, et tous deux firent le tour des remparts pour voir s'il y avait possibilité de tenter un semblant de résistance.

Cette place de Sedan, qui avait bien son impor- tance stratégique, puisque, se reliant à Paris par Mé- zières et l'embranchement d'Hirson, elle était l'unique moyen de ravitaillement d'une armée opérant par le Nord sur Metz, était à peine à l'abri d'un coup de main ; ni vivres, ni munitions, ni approvisionnements d'aucune sorte. Quelques pièces avaient 30 coups à tirer ; d'autres 6 ; mais la plupart manquaient d'é- couvillons.

Cependant les généraux Ducrot et Dejean placèrent quelques soldats sur les parapets et dans les chemins couverts. Démoralisés, découragés, ces hommes quittaient leur poste sitôt qu'on les perdait de vue. Les remontrances, les menaces étaient impuissantes sur ces âmes abattues.

Vers trois heures et demie, le général Ducrot se décide à traverser la ville pour se mettre en communication avec le commandant en chef. Au moment où il était entré dans la citadelle, un officier d'ordonnance du général de Wimpffen lui avait apporté l'ordre d'amener ce qu'il pourrait de troupes dans la direction de Balan, et de concourir à une tentative de trouée sur Carignan et Montmédy.

Malgré son manque absolu de confiance dans l'issue d'une telle entreprise, le général n'avait évidemment qu'à obéir ; mais il était seul, il n'avait même plus son escorte. Ce n'était pas sa personne que le général de Wimpffen demandait, c'était le 1er corps, ou au moins une partie, et divisions, brigades, régiments, troupes de toutes armes, tout s'était effondré.

« Je n'ai plus rien avec moi, dit le général Du-
» crot à l'officier d'ordonnance ; je vais entrer dans
» la place pour voir s'il est possible de réunir quel-
» ques troupes. »

A l'intérieur de Sedan, le spectacle était indescriptible ; les rues, les places, les portes étaient encombrées de voitures, de chariots, de canons, de tous les impedimenta et débris d'une armée en déroute. Des bandes de soldats, sans fusils, sans sacs, accouraient à tout moment, se jetaient dans les maisons, dans les églises. Aux portes de la ville on s'écrasait. Plusieurs malheureux périrent piétinés. A travers cette foule, accouraient des cavaliers ventre à terre, des caissons passaient au galop, se taillant un chemin au milieu de ces masses affolées.

Les quelques hommes qui avaient conservé un reste d'énergie ne semblaient s'en servir que pour accuser et maudire : « Nous avons été trahis, criaient-» ils, nous avons été vendus par les traîtres et les » lâches ! »

Il n'y avait évidemment rien à faire avec de tels hommes ; le général Ducrot se rendit à la sous-préfecture, où se tenait l'Empereur.

Napoléon III n'avait plus cette figure froide, impassible, que tout le monde connaît ; les cruelles émotions qui l'agitaient se laissaient apercevoir sur sa figure empreinte d'une profonde tristesse.

Dès qu'il vit le général, il lui dit qu'il avait vivement regretté la nomination, par le ministre de la guerre, du général de Wimpffen au commandement en chef, mais qu'étant résolu à ne contrecarrer en rien les décisions venant de Paris, il n'avait pas voulu s'y opposer. « Cependant, ajouta-t-il, il n'y avait que » votre mouvement de retraite qui pût nous sauver.» Puis, s'étendant sur les faits antérieurs à la guerre, il ajouta : « Vos pressentiments sur les intentions de » la Prusse, ce que vous m'aviez dit de ses forces » militaires et du peu de moyens que nous aurions » à leur opposer, tout cela n'était que trop vrai. J'au-» rais dû tenir plus compte de vos avertissements » et de vos conseils (1). »

Entrevue de l'Empereur et du général Ducrot.

(1) Commandant de la 6ᵉ division militaire à Strasbourg, le général Ducrot était très à même de savoir ce qui se passait de l'autre côté du Rhin. Aussi dans maints rapports, lettres, brochures, etc., avait-il constamment signalé la politique et les tendances de la Prusse, mis à jour son activité militaire,

Après ces quelques paroles, l'Empereur se tut. Le profond silence qui régnait autour du souverain rendait plus saisissant encore le bruit du dehors. L'air était en feu ; les obus tombant sur les toits entraînaient des pans de maçonnerie, qui s'abattaient avec fracas sur le pavé des rues ; l'éclatement des projectiles se mêlait au grondement de 600 bouches à feu, épouvantable canonnade qui fut entendue jusque devant Metz par le prince Frédéric-Charles.

« — Je ne comprends pas, dit l'Empereur au gé-

ses préparatifs de guerre lui permettant de mettre en ligne immédiatement 600,000 hommes parfaitement instruits, équipés, organisés, et quelques semaines après 900,000 hommes, chiffre formidable pouvant même s'élever à 1,100,000 ; tandis qu'en France on ne pouvait, d'après les calculs du général, réunir que 200 à 250,000 hommes en trois semaines. « Après les premiers jours de marche, dit-il dans un de ses rapports, nous n'arriverons donc pas sur les champs de bataille de l'Allemagne avec plus de 150,000 hommes. » (Ce chiffre est l'effectif exact de nos combattants éparpillés sur les champs de bataille de Frœschwiller, de Spickeren et de Metz.)

Le général avait également démontré l'insuffisance et la faiblesse de notre système défensif. Il voulait trois grands centres de défense : Laon, Châlons et Langres, reliés à Paris et réunis entre eux par des réseaux de chemins de fer. Ces immenses camps retranchés devaient se soutenir mutuellement et se fortifier les uns par les autres. Toutes les places étaient déclassées à l'exception de Metz, Strasbourg, Belfort qui devaient nous servir pour l'offensive. Au point de vue défensif, disait le général, Strasbourg ne peut tenir huit jours (s'il a résisté plus d'un mois, c'est grâce à l'énergie et au patriotisme de ses braves habitants).

Aucun des conseils du général Ducrot n'avait été écouté. Plusieurs personnages de la cour et du ministère de la guerre s'étaient même fait de la vigilance du commandant de la 6e division militaire une arme contre lui, en disant qu'il excitait la susceptibilité d'une puissance désireuse de la paix, et jetait l'inquiétude dans les populations rhénanes.

» néral Ducrot, que l'ennemi continue le feu ; j'ai fait
» arborer le drapeau parlementaire. J'espère obtenir
» une entrevue avec le roi de Prusse ; peut-être au-
» rai-je des conditions avantageuses pour l'armée ? »

« — Je ne compte pas beaucoup, répondit le géné-
» ral, sur la générosité de nos adversaires : à la nuit
» nous pourrions tenter une sortie. »

Sa Majesté fit observer qu'il existait un tel désordre, un tel encombrement dans la ville, et que les
troupes étaient si démoralisées, qu'il n'y avait pas
le moindre espoir de réussir. « Une tentative de cette
» sorte, ajouta-t-elle, n'aboutirait qu'à une nouvelle
» effusion de sang. »

L'Empereur et quelques officiers de sa suite auraient peut-être pu s'échapper grâce à la nuit, mais
il ne fallait plus songer à sauver l'armée : enveloppée,
cernée, elle était irrévocablement prise.

L'histoire se prononcera et dira si contrairement
aux lois militaires, Napoléon III devait, par une fuite
qu'on eût très-certainement cru favorisée, séparer
son sort de celui de l'armée, ou s'il devait, après avoir
partagé ses dangers, partager son malheur.

Du reste, le roi de Prusse ayant déclaré qu'il faisait la guerre à l'Empereur et non à la France, l'Empereur prisonnier, la guerre devait cesser (1).

Cependant la canonnade, loin de diminuer, redouble
de minute en minute. Le feu se déclare en plusieurs

_____

(1) Cette idée était très-répandue dans l'armée allemande :
« Le roi Wilhem, disaient les soldats, n'a qu'une parole. Il a
promis de nous faire rentrer quand nous aurons battu l'Empereur. »

endroits. Des femmes, des enfants tombent frappés. Le drapeau de l'Internationale ne protége plus les blessés qui sont entassés dans la caserne et dans les maisons converties en ambulances. Acculés aux murailles, amoncelés dans les fossés, soldats et officiers sont atteints : deux généraux trouvent ainsi la mort.

La sous-préfecture n'est pas épargnée ; des obus éclatent à tout instant dans le jardin et dans la cour.

« Mais, dit l'Empereur, il faut absolument faire » cesser le feu. Écrivez là, » dit-il en se tournant vers le général Ducrot, et lui indiquant la table près de laquelle il était assis il dicta :

« Le drapeau parlementaire ayant été arboré, les » pourparlers vont être ouverts avec l'ennemi ; le feu » doit cesser sur toute la ligne. » Puis, comme le général regardait l'Empereur, celui-ci lui dit : « Main- » tenant, signez. — Oh non ! sire, je ne peux pas » signer. A quel titre signerais-je ? Je commande » le 1er corps. C'est le général de Wimpffen qui est » général en chef. — Vous avez raison ; mais je ne » sais pas où est le général de Wimpffen ; il faut que » quelqu'un signe. — Faites signer par son chef » d'état-major, ou par le plus ancien général de di- » vision qui est le général Douay. — Oui, répondit » l'Empereur, faites signer par le chef d'état-major. »

Le général Ducrot sortit et communiqua les ordres de l'Empereur au colonel Robert. Celui-ci chercha le général Faure, et, l'ayant trouvé dans la citadelle, lui fit part du désir de Sa Majesté :

« Je viens de faire abattre le drapeau blanc, dit cet » officier, ce n'est pas pour signer un ordre pareil. »

Le colonel Robert rentra dans la place avec le général Faure, et vint rendre compte au général Ducrot; pendant qu'il lui parlait, le général Lebrun sortit de chez l'Empereur et fit connaître qu'il se rendait auprès du général de Wimpffen, pour lui remettre une dépêche dictée par l'Empereur dans le but d'obtenir la cessation immédiate du feu et un armistice.

Vaine tentative des généraux de Wimpffen et Lebrun à la porte de Balan.

Selon les instructions de Sa Majesté, le général en chef de l'armée française devait signer cette dépêche et la faire porter au chef de l'armée allemande par le général Greslay, chef d'état-major du 12ᵉ corps. — En effet, cette dépêche fut remise au général de Wimpffen près du village de Balan, mais dès qu'il en eut pris connaissance, il s'écria : « Non, non, je ne » veux pas cesser le combat ; » et c'est alors que les généraux Wimpffen et Lebrun firent une dernière démonstration dans la direction de Carignan.

« Mais, dit le général Lebrun dans sa lettre du » 20 octobre 1870 (1), nous n'avions pas franchi un » espace de 200 mètres, nous n'étions pas arrivés à la » sortie du village (dans la direction de Carignan), » que jetant un coup d'œil en arrière et constatant » que nous n'étions pas suivis, le général en chef » tournait bride, me déclarant qu'il n'y avait pas à » insister plus longtemps, et me prescrivait de faire » opérer la retraite sur Sedan. »

Vers six heures, l'Empereur fit appeler le général Ducrot pour lui dire que le général de Wimpffen ayant

Le général Ducrot refuse d'accepter

(1) Ouvrage du général de Wimpffen, page 281.

le comman-
dement de
l'armée.
donné sa démission, il eut à prendre le commandement.

Le général déclara à Sa Majesté qu'au point où en
étaient les choses, il ne pouvait l'accepter. Le général
de Wimpffen ayant le matin revendiqué l'honneur de
diriger les opérations, il n'avait pas le droit de se ré-
cuser, maintenant qu'elles avaient mal abouti. Du
reste, le général Douay étant le plus ancien divisionnaire, c'était à lui que revenait le nouveau commandement.

Le général Douay allait accepter quand sur les ob-
servations de son ami le général Lebrun, il se récusa
également et déclara que le général de Wimpffen devait commander jusqu'au bout.

Altercation
entre le gé-
néral Ducrot
et le général
de Wimpffen.
L'Empereur envoya chercher le général de Wimpffen. Il était environ huit heures quand ce dernier
arriva.

Le général Ducrot était assis dans un coin, caché
par plusieurs personnes de l'entourage.

Le général de Wimpffen entre avec éclat (1), levant
les bras au ciel et marchant à grands pas : « Sire,
» s'écrie-t-il, si j'ai perdu la bataille, si j'ai été vaincu,
» c'est que mes ordres n'ont pas été exécutés, c'est
» que vos généraux ont refusé de m'obéir. »

A ces mots, le général Ducrot se lève comme mû
par un ressort, et d'un bond se place face au général
de Wimpffen : « Que dites-vous, s'écrie-t-il, et qui a

(1) Huit ou dix personnes se trouvaient dans le salon, entre
autre le chef d'état-major général Faure ; toutes peuvent dire
lequel de ce récit ou de celui du général de Wimpffen est le
plus conforme à la vérité.

» refusé de vous obéir? A qui faites-vous allusion?
» Serait-ce à moi? Hélas! vos ordres n'ont été que
» trop bien exécutés. Si nous avons subi un affreux
» désastre, plus affreux que tout ce qu'on a pu rêver,
» c'est à votre folle présomption que nous le devons.
» Seul vous en êtes responsable, car si vous n'aviez
» pas arrêté le mouvement de retraite en dépit de
» mes instances, nous serions maintenant en sûreté
» à Mézières, ou du moins hors des atteintes de l'en-
» nemi! »

Un peu surpris et décontenancé par cette brusque
apostrophe du général qu'il ne savait pas là, de
Wimpffen dit : « Eh bien! puisque je suis incapable,
» raison de plus pour que je ne conserve pas le
» commandement. »

Ducrot. — « Vous avez revendiqué le commande-
» ment ce matin quand vous pensiez qu'il y avait
» honneur et profit à l'exercer; je ne vous l'ai pas
» contesté... alors qu'il était peut-être contestable.
» Mais à l'heure qu'il est, vous ne pouvez plus le re-
» fuser. Vous seul devez endosser la honte de la ca-
» pitulation! »

Le général Ducrot était très-exalté. L'Empereur et
les personnes de son entourage s'interposèrent pour
le calmer. L'incident terminé, le commandant du 1er
corps se retira et le général de Wimpffen ayant reçu
les instructions de Sa Majesté se rendit au quartier
général allemand (1).

(1) Nous extrayons du journal du colonel Robert le passage
suivant relatif à la capitulation, cet officier ayant assisté depuis le commencement jusqu'à la fin à notre entrevue avec

M. le général de Wimpffen a fait le récit de son
entrevue avec l'état-major allemand au sujet de la
capitulation ; nous donnons le nôtre, qui émane d'un
homme dans la loyauté et la sincérité duquel nous
avons pleine confiance. Il concorde d'ailleurs beaucoup mieux que celui du général avec les récits qui
nous ont été faits le lendemain de ce douloureux

l'Empereur, est plus à même que tout autre de se prononcer
et de dire quel a été notre rôle dans ces tristes et derniers
moments :

— ..... Le colonel Robert revenait sur l'extrême gauche de la
position pour y retrouver le général Ducrot, lorsqu'il rencontra
un officier de l'état-major du général de Wimpffen, à la recherche du 7e corps et portant au général Douay un billet au crayon
contenant (à peu près) ceci : « Je vois que l'ennemi l'emporte
» sur nous ; je réunis les troupes que je trouve sous ma main
» pour tenter une trouée dans la direction de Carignan ; ap-
» puyez ce mouvement, si vous pouvez. » Le colonel demanda
à cet officier s'il avait un ordre semblable pour le général
Ducrot ; la réponse fut négative.

3 heures. Le chef d'état-major retrouva le général Ducrot sur la crête,
à l'Ouest du bois de la Garenne, en face d'Illy, au moment où
les batteries de réserve étaient complétement démontées et la
brigade Gandil repliée en retraite vers le bois de la Garenne.
Les charges de cavalerie ordonnées par le général Ducrot
étaient repoussées avec des pertes très-importantes. Les débris
du 7e corps revenaient vers Sedan en une masse confuse et il
ne restait plus en ce moment au général commandant le
1er corps aucune troupe sous la main ; le chef d'état-major lui
fit part de l'avis que le général de Wimpffen avait envoyé au
général Douay, mais il était alors impossible au général Ducrot
de rien faire dans le sens de cet ordre, en admettant qu'il dût
s'appliquer au 1er corps comme au 7e (ce qui paraissait probable, sans être absolument certain). A vrai dire, ni le 7e corps,
ni le 1er, n'avaient en ce moment aucune troupe capable de
se mettre en ordre pour marcher dans la direction indiquée,
direction entièrement opposée d'ailleurs à celle vers laquelle
ces corps se trouvaient refoulés. Un grand nombre de fuyards

événement par des officiers placés sous nos ordres et dont la parole en conséquence revêtait presque un caractère officiel. Puisque l'on nous a mis dans la douloureuse nécessité d'écrire cette page d'histoire avant l'heure, il faut qu'elle soit complète et contienne tout ce qui peut servir à l'enseignement de nos contemporains et de nos enfants.

étaient rentrés dans la place, dont les abords se trouvaient encombrés de voitures et de chevaux. . . . .
. . . .
Le général Ducrot se rencontra avec le général Douay vers la partie du rempart qui borde la citadelle. Le drapeau blanc avait paru un moment; mais soit qu'il eût été abaissé, soit pour toute autre cause, on cessa de le voir. Les deux officiers généraux mirent pied à terre pour tenir conseil; avec eux se trouvaient là réunis (sauf erreur) les généraux Forgeot, Joly-Frigola, d'Outrelaine et deux ou trois autres généraux ou chefs d'état-major. On sut que le général Dejean visitait la citadelle au pied de laquelle on était. *3 heures et demie.*

Appuyer en ce moment le général de Wimpffen était absolument impossible; le mouvement de retour offensif vers Carignan qu'il avait annoncé devoir tenter devait être alors certainement arrêté par l'ennemi; et d'ailleurs, pour se joindre à ce mouvement, ou seulement pour l'appuyer, il eût fallu avoir quelques troupes; or, toutes les troupes du 1er corps étaient alors ou dispersées, ou séparées par l'ennemi du point sur lequel se trouvait le général Ducrot, puisque les derniers efforts de ce général pour soutenir le 7e corps et retarder la perte de la bataille avaient eu lieu au Nord-Ouest de Sedan, à l'extrême gauche de la position, tandis que le retour offensif essayé par le général de Wimpffen devait avoir lieu à l'extrême droite, c'est-à-dire au Sud-Est, dans la direction de Carignan.

Au surplus, les généraux, après avoir constaté l'impossibilité absolue d'une nouvelle tentative sérieuse de retour à l'ennemi, crurent nécessaire d'entrer dans la place pour recueillir les renseignements que l'on pouvait avoir sur ce qui se passait du côté du Sud-Est, et sur le secours que pouvait fournir le canon

Extrait d'une Note remise (1) par le capitaine d'Orcet
du 4° de cuirassiers.

. . . .

« Nous fûmes tous introduits alors dans un salon

(1) Cette narration a été rédigée à Stettin pendant la captivité.

de la place. Le bruit de l'arrivée d'un corps de l'armée du maréchal Bazaine s'était répandu. (On sut depuis que ce bruit avait été propagé, à dessein sans doute, pour stimuler les troupes dans le retour offensif qu'on devait entreprendre.) Enfin il était nécessaire d'examiner quelles nouvelles chances de défense pouvait présenter la place de Sedan, quelles dispositions d'ordre pouvaient y être prises pour réunir et réorganiser les troupes qui s'y étaient réfugiées et les préparer s'il se pouvait à une nouvelle lutte. Il fallait aussi avoir l'explication de ce drapeau blanc qu'on avait vu flotter un instant sur l'un des bastions de la citadelle.

Les généraux pénétrèrent dans la place par une poterne qui se trouvait déjà encombrée de blessés. Le général Ducrot ayant rencontré là M. le général Dejean, commandant en chef du génie, conféra avec lui sur les dispositions de défense organisées aux remparts et dut constater que ces dispositions étaient fort incomplètes.

Ce ne fut, paraît-il, qu'après s'être rendu compte de l'état de grande confusion qui régnait dans la place que les généraux Douay et Ducrot se rendirent à la sous-préfecture pour avoir des renseignements s'il était possible, et conférer de la situation avec l'Empereur. . . . .

. . . .

Le colonel Robert était resté hors de la citadelle et était remonté à cheval avec ses officiers, mais, après un certain temps, ne recevant pas d'ordres, il se décida à entrer dans la place à la recherche du général Ducrot, et arriva de proche en proche jusqu'à la sous-préfecture. Bientôt le général Ducrot sortant du salon de l'Empereur, lui remit une pièce qu'il venait d'écrire sous la dictée de Sa Majesté, et l'invita à aller la faire signer par le général Faure. Cette pièce annonçait au rez-de-chaussée, où nous attendîmes au moins dix minutes l'homme qui devait nous intimer la volonté du roi Guillaume.

» Le général de Moltke fit son entrée accompagné de M. le comte de Bismarck, du général de Blümenthal et de quelques officiers. Après un salut assez sommaire, il demanda au général de Wimpffen

qu'un armistice était demandé, que le drapeau parlementaire était arboré et en conséquence, elle prescrivait de suspendre partout le combat. Le général Ducrot avait refusé à l'Empereur de signer cette pièce, et on s'était arrêté à l'idée de la faire signer par le chef d'état-major général de l'armée. Le colonel Robert reçut l'ordre de trouver le général Faure, de lui expliquer comment cette pièce était rédigée par l'Empereur lui-même, et une fois que le général Faure l'aurait signée, de faire en sorte que les termes en fussent notifiés partout aux troupes à l'extérieur de la place et sur les remparts de manière à faire cesser le combat. Le drapeau blanc, signe de l'armistice, devait en même temps être arboré partout où cela serait possible, et notamment à la citadelle. Le général Faure, trouvé dans l'enceinte de la citadelle par le colonel Robert, se refusa énergiquement à signer la pièce en question, et lui dit : « Je viens de faire abattre le drapeau blanc ; ce n'est pas moi qui le ferai relever..... »

Ces deux officiers rentrèrent alors ensemble dans Sedan pour y recevoir de nouvelles instructions. . . . .
. . . .
. . . .

L'ordre de hisser le drapeau blanc et de faire cesser partout le combat fut plus tard remis au général Lebrun, qui, de son côté, était rentré dans la place et avait été mandé par l'Empereur. Le drapeau parlementaire fut de nouveau hissé sur les remparts, et le combat déjà à peu près terminé partout cessa définitivement. L'artillerie de la place avait à la fin pris quelque part à la lutte en dirigeant son tir vers les forces ennemies, maîtresses du terrain au Nord et au Nord-Est.

Ainsi, en résumé, l'Empereur averti des succès irrésistibles de l'ennemi qui avait eu pour lui l'avantage du terrain et du s'il avait des pouvoirs, et, sur sa réponse affirmative, il demanda à les vérifier, ce qui fut fait. Le général de Wimpffen présenta ensuite le général Castelnau et le général Faure. Le général de Moltke ayant alors demandé quel était le caractère de ces deux généraux, le général Faure répondit qu'il était venu comme chef d'état-major du maréchal de Mac-Mahon

nombre, connaissant la fuite des troupes vers Sedan, l'impuissance probable des défenses de cette place, et enfin toutes les circonstances qui transformaient cette journée après dix heures au moins de lutte en un immense désastre, l'Empereur, paraît avoir eu dès trois heures du soir l'idée de faire cesser le combat pour éviter à l'armée des pertes inutiles. Il voulait proposer un armistice, se livrer de sa personne au roi de Prusse et tâcher sans doute d'obtenir par là des conditions plus acceptables pour l'éventualité d'un traité de paix.

L'arrivée auprès de lui des généraux Douay et Ducrot put bien le confirmer dans ses résolutions, mais elle ne les avait pas précédées. L'initiative de l'idée d'un armistice qui arrêtait l'effusion du sang et sauvait de la destruction la ville de Sedan, mais à la suite duquel devait être fatalement posée la question navrante de la capitulation, paraît avoir appartenu tout entière à l'Empereur.

De l'ensemble des faits qui se sont produits dans les journées du 31 août et 1er septembre, il semble très-rationnel de conclure :

1o Que le mouvement projeté par le général Ducrot le 31, en vue de prendre sur les hauteurs d'Illy la position de bivouac et de combat du 1er corps, changeait du tout au tout les données de la bataille du lendemain, et sans garantir une journée heureuse pour nos armes, assurait cependant à l'armée et à l'Empereur une ligne de retraite vers Mézières ;

2o Qu'en revenant le 1er septembre au matin, dès qu'il eut le commandement en chef, à son idée de la veille, le général Ducrot avait encore de grandes chances de faire une retraite honorable avec quelques retours offensifs, qui auraient fait payer cher à l'armée allemande la prise inévitable de la place de Sedan ;

3o Qu'en arrêtant le mouvement de retraite dont il s'agit, on

pour accompagner le général de Wimpffen, mais
sans aucun caractère officiel, et le général Castelnau
dit qu'il venait apporter une communication verbale
et officieuse de la part de l'Empereur, mais que cette
communication n'aurait son utilité qu'à la fin de la
conférence, à laquelle d'ailleurs il n'avait point qua-
lité pour prendre autrement part. Le général de
Moltke nomma alors au général de Wimpffen, en les
désignant de la main, M. le comte de Bismarck et le
général de Blümenthal, et l'on s'assit.

» Nous étions placés de la manière suivante : au
centre de la pièce, une table carrée avec un tapis
rouge ; à l'un des côtés de cette table, le général de
Moltke, ayant à sa gauche M. de Bismarck et le général de Blümenthal à sa droite ; du côté opposé de la
table était le général Wimpffen seul en avant ; derrière lui, presque dans l'ombre, les généraux Castelnau et Faure et les autres officiers français ; il y avait
en outre dans le salon sept ou huit officiers prussiens

---

forçait l'armée à combattre sur place contre des forces trois fois
supérieures, en faisant face de trois côtés à la fois, et en recevant des projectiles partis des quatre points de l'horizon, et
qu'on se laissait fermer toute ligne de retraite extérieure, en
même temps qu'on attirait, par la force des choses, vers ce qu'on
a justement appelé la souricière de Sedan, tout ce qui, depuis
le matin jusqu'au soir, devait, plus ou moins à propos, quitter le
champ de bataille ;

4° Que le retour offensif projeté et commencé bravement,
mais vainement, par le commandant en chef à la fin de la
journée du 1er septembre, dans la direction de Carignan, n'avait
aucune chance de succès, et que, dans tous les cas, ce mouvement, au moment où l'avis en est parvenu aux généraux Douay
et Ducrot, ne pouvait plus être appuyé par aucune troupe à la
disposition de ces officiers généraux.

4

dont l'un, sur un signe du général de Blümenthal, vint se mettre près de la cheminée, sur laquelle il s'appuya pour écrire tout ce qui se disait.

. . . .

. . . .

. . . .

» Après que l'on se fut assis, il régna un instant de silence, on sentait que le général de Wimpffen était embarrassé pour engager l'entretien, mais le général de Moltke, restant impassible, il se décida à commencer.

« Je désirerais, dit-il, connaître les conditions de
» capitulation que S. M. le Roi de Prusse est dans
» l'intention de nous accorder ? — Elles sont bien
» simples, répliqua le général de Moltke : L'armée tout
» entière est prisonnière, avec armes et bagages : on
» laissera aux officiers leurs armes comme un témoi-
» gnage d'estime pour leur courage, mais ils seront
» prisonniers de guerre comme la troupe.

» — Ces conditions sont bien dures, général, répli-
» qua le général de Wimpffen, et il me semble que,
» par son courage, l'armée française mérite mieux
» que cela.

» Est-ce qu'elle ne pourrait pas obtenir une capi-
» tulation dans les conditions suivantes :

» On vous remettrait la place et son artillerie. Vous
» laisseriez l'armée se retirer avec ses armes, ses
» bagages et ses drapeaux, à la condition de ne plus
» servir pendant cette guerre contre la Prusse;
» l'Empereur et les généraux s'engageraient person-
» nellement et par écrit aux mêmes conditions, puis
» cette armée serait conduite dans une partie de la

» France désignée par la Prusse dans la capitulation,
» ou en Algérie pour y rester jusqu'à la conclusion
» de la paix.» Et il ajouta quelques autres développe-
ments dans le même sens, paraissant regarder la paix
comme prochaine ; mais le général de Moltke demeura
impitoyable et se contenta de répondre qu'il ne pouvait rien changer aux conditions. Le général de
Wimpffen fit de nouvelles instances ; il fit appel d'abord
aux sympathies que sa position personnelles pouvait
inspirer au général de Moltke : « J'arrive, disait-il, il
» y a deux jours d'Afrique, du fond du désert ; j'avais
» jusqu'ici une réputation militaire irréprochable et
» voilà qu'on me donne un commandement au mi-
» lieu du combat et je me trouve fatalement obligé
» d'attacher mon nom à une capitulation désastreuse
» dont je suis ainsi forcé d'endosser toute la respon-
» sabilité, sans avoir préparé moi-même la bataille
» dont cette capitulation est la suite. Vous qui êtes
» officier général comme moi, vous devriez compren-
» dre toute l'amertume de ma situation mieux que
» personne ; il vous est possible d'adoucir pour moi
» cette amertume en m'accordant de plus honorables
» conditions : pourquoi ne le feriez-vous pas ? Je sais
» bien, ajouta-t-il, que la plus grande cause de notre
» complet désastre a été la chute dès le début de la
» journée, du vaillant maréchal qui commandait
» avant moi ; il n'aurait peut-être pas été vainqueur,
» mais il aurait pu du moins opérer une retraite heu-
» reuse, etc., etc. Quant à moi, si j'avais commandé
» dès la veille, je ne veux pas dire que j'aurais mieux
» fait que le maréchal de Mac-Mahon et gagné la
» bataille ; mais j'aurais préparé une retraite, ou du

» moins, connaissant mieux nos troupes, j'aurais
» réussi à les réunir dans un suprême effort pour
» faire une trouée. Au lieu de cela, on m'impose le
» commandement au milieu même de la bataille sans
» que je connaisse ni la situation ni les positions de
» mes troupes : malgré tout, je serais peut-être par-
» venu à faire une percée ou à battre en retraite sans
» un incident personnel qu'il est du reste inutile de
» relater. » (C'est sans doute une allusion à la confusion d'ordres qui est résultée de ce que le matin le
maréchal de Mac-Mahon avait remis le commandement au général Ducrot, qui l'avait exercé jusqu'au
moment (dix heures du matin) où le général de
Wimpffen *le réclama* en vertu d'une lettre du ministre, dont il était porteur.)

» Le général de Wimpffen continua encore sur le
même thème, mais s'apercevant que le général de
Moltke paraissait peu touché de ce plaidoyer personnel, il prit un ton un peu plus vif. « D'ailleurs, dit-il,
» si vous ne pouvez m'accorder de meilleures condi-
» tions, je ne puis accepter celles que vous voulez
» m'imposer. Je ferai appel à mon armée, à son hon-
» neur, et je parviendrai à faire une percée, ou je me
» défendrai dans Sedan. » (Il faut constater qu'il
n'avait pas l'air très-convaincu lui-même de ce qu'il
disait.)

» Le général de Moltke l'interrompit alors : « J'ai
» bien, dit-il, une grande estime pour vous, j'appré-
» cie votre situation et je regrette de ne pouvoir rien
» faire de ce que vous demandez ; mais quant à ten-
» ter une sortie, cela vous est aussi impossible que
» de vous défendre dans Sedan. Certes, vous avez des

» troupes qui sont réellement excellentes : **vos infan-**
» teries d'élite (il voulait dire sans doute les zouaves,
» chasseurs à pied, turcos et infanterie de marine)
» sont remarquables, votre cavalerie est audacieuse
» et intrépide, votre artillerie est admirable et nous
» a fait grand mal, trop de mal ; mais une grande
» partie de votre infanterie est démoralisée, nous
» avons fait aujourd'hui plus de 20,000 prisonniers
» non blessés. . . . .

. . . .

» il ne vous reste actuellement pas plus de 80,000
» hommes. Ce n'est pas dans de pareilles conditions
» que vous pourrez percer nos lignes, car sachez que
» j'ai autour de vous actuellement encore 240,000
» hommes et 500 bouches à feu, dont 300 sont déjà
» en position pour tirer sur Sedan. Les 200 autres y
» seront demain au point du jour. Si vous voulez
» vous en assurer, je puis faire conduire un de vos
» officiers dans les différentes positions qu'occupent
» mes troupes, et il pourra témoigner de l'exactitude
» de ce que je vous dis. Quant à vous défendre dans
» Sedan, cela vous est tout aussi impossible ; vous
» n'avez pas pour 48 heures de vivres et vous n'avez
» plus de munitions. »

» Attaquant alors une différente note, le général
de Wimpffen reprit d'un ton insinuant : « Je crois
» qu'il est de votre intérêt, même au point de vue
» politique, de nous accorder la capitulation hono-
» rable à laquelle a droit l'armée que j'ai l'honneur
» de commander. Vous allez faire la paix, et sans
» doute vous désirez la faire bientôt : plus que toute
» autre, la nation française est généreuse et chevale-

» resque, et par conséquent sensible à la générosité
» qu'on lui témoigne, et reconnaissante des égards
» qu'on a pour elle ; si vous nous accordez des con-
» ditions qui puissent flatter l'amour-propre de l'ar-
» mée, le pays en sera également flatté, cela dimi-
» nuera aux yeux de la nation l'amertume de sa dé-
» faite, et une paix conclue sous de pareils auspices
» aura chance d'être durable, car vos procédés géné-
» reux auront ouvert la porte à un retour vers des
» sentiments réciproquement amicaux, tels qu'ils
» doivent exister entre deux grandes nations voisines,
» et tels que vous devez les désirer.

» En persévérant, au contraire, dans des mesures
» rigoureuses à notre égard, vous exciteriez à coup
» sûr la colère et la haine dans le cœur de tous les
» soldats ; l'amour-propre de la nation tout entière
» sera offensé grièvement ; car elle se trouvera soli-
» daire de son armée, et ressentira les mêmes émo-
» tions qu'elle. Vous réveillerez ainsi tous les mauvais
» instincts endormis par le progrès de la civilisation,
» et vous risquerez d'allumer une guerre intermina-
» ble entre la France et la Prusse. »

» Ce fut cette fois M. de Bismarck qui se chargea
de répondre ; il le fit en ces termes :

« Votre argumentation, général, paraît au premier
» abord sérieuse, mais elle n'est au fond que spécieuse
» et ne peut soutenir la discussion. Il faut croire en
» général fort peu à la reconnaissance, et en particu-
» lier nullement à celle d'un peuple ; on peut croire
» à la reconnaissance d'un souverain, à la rigueur à
» celle de sa famille ; on peut même en quelques cir-
» constances y ajouter une foi entière, mais je le ré-

» pète, il n'y a rien à attendre de la reconnaissance
» d'une nation. Si le peuple français était un peuple
» comme les autres, s'il avait des institutions solides,
» si, comme le nôtre, il avait le culte et le respect de
» ses institutions, s'il avait un souverain établi sur le
» trône d'une façon stable, nous pourrions croire à la
» gratitude de l'Empereur et à celle de son fils, et atta-
» cher un prix à cette gratitude ; mais en France, de-
» puis quatre-vingts ans, les gouvernements ont été si
» peu durables, si multipliés, ils ont changé avec une
» rapidité si étrange et si en dehors de toute prévi-
» sion, que l'on ne peut compter sur rien de votre
» pays, et que fonder des espérances sur l'amitié
» d'un souverain français serait, de la part d'une na-
» tion voisine, un acte de démence ; *ce serait vouloir
» bâtir en l'air.*

» Et, d'ailleurs, ce serait folie que de s'imaginer
» que la France pourrait nous pardonner nos succès ;
» vous êtes un peuple irritable, envieux, jaloux et
» orgueilleux à l'excès. Depuis deux siècles, la France
» a déclaré *trente fois* la guerre à la Prusse (se repre-
» nant), à l'Allemagne ; et, cette fois-ci, vous nous
» l'avez déclarée comme toujours par jalousie, parce
» que vous ne pouviez nous pardonner notre victoire
» de Sadowa, et pourtant Sadowa ne vous avait
» rien coûté et n'avait pu en rien atteindre votre
» gloire ; mais il vous semblait que la victoire était
» un apanage qui vous était uniquement réservé, que
» la gloire des armes était pour vous un monopole ;
» vous n'avez pu supporter à côté de vous une na-
» tion aussi forte que vous ; vous n'avez pu nous par-
» donner Sadowa, où vos intérêts ni votre gloire n'é-

» taient nullement en jeu. Et vous nous pardonneriez
» le désastre de Sedan! Jamais! Si nous faisions
» maintenant la paix, dans cinq ans, dans dix ans,
» dès que vous le pourriez, vous recommenceriez la
» guerre : voilà toute la reconnaissance que nous
» aurions à attendre de la nation française!!! Nous
» sommes, nous autres, au contraire de vous, une
» nation honnête et paisible, que ne travaille jamais
» le désir des conquêtes et qui ne demanderait qu'à
» vivre en paix, si vous ne veniez constamment nous
» exciter par votre humeur querelleuse et conqué-
» rante. » (Je ne pus m'empêcher, en entendant ces
mots, de songer à ces adroits faiseurs d'affaires,
qui, après avoir dépouillé quelqu'un, crient plus
plus fort que lui : au voleur!) « Aujourd'hui, c'en est
» assez; il faut que la France soit châtiée de son or-
» gueil, de son caractère agressif et ambitieux;
» nous voulons pouvoir assurer la sécurité de nos
» enfants, et pour cela il faut que nous ayons entre
» la France et nous un glacis; il faut un territoire,
» des forteresses et des frontières qui nous mettent
» pour toujours à l'abri de toute attaque de sa
» part. »

» Le général de Wimpffen répondit à M. de Bis-
» marck :

» Votre Excellence se trompe dans le jugement
» qu'elle porte sur la nation française : vous en êtes
» resté à ce qu'elle était en 1815, et vous la jugez
» d'après les vers de quelques poètes ou les écrits de
» quelques journaux. Aujourd'hui les Français sont
» bien différents; grâce à la prospérité de l'Empire,
» tous les esprits sont tournés à la spéculation, aux

» affaires, aux arts ; chacun cherche à augmenter la
» somme de son bien-être et de ses jouissances, et
» songe bien plus à ses intérêts particuliers qu'à la
» gloire. On est tout prêt à proclamer en France la
» fraternité des peuples. Voyez l'Angleterre ! Cette
» haine séculaire qui divisait la France et l'Angle-
» terre, qu'est-elle devenue ? Les Anglais ne sont-ils
» pas aujourd'hui nos meilleurs amis ? Il en sera de
» même pour l'Allemagne si vous vous montrez gé-
» néreux, si des rigueurs intempestives ne viennent
» pas ranimer des passions éteintes. » . . . .

. . . .

» A cet instant, M. de Bismarck reprit la parole ;
il avait fait un geste de doute en entendant vanter
l'amitié existant, suivant le général de Wimpffen,
entre la France et l'Angleterre. « Je vous arrête ici,
» général ; non la France n'est pas changée, c'est
» elle qui a voulu la guerre, et c'est pour flatter
» cette manie populaire de la gloire, dans un intérêt
» dynastique, que l'Empereur Napoléon III est venu
» nous provoquer ; nous savons bien que la partie
» raisonnable et saine de la France ne poussait pas
» à la guerre ; néanmoins elle en a accueilli l'idée
» volontiers ; nous savons bien que ce n'était pas
» l'armée non plus qui nous était le plus hostile ;
» mais la partie de la France qui poussait à la guerre,
» c'est celle qui fait et défait les gouvernements. Chez
» vous, c'est la populace, ce sont aussi les journa-
» listes (et il appuya sur ce mot), ce sont ceux-là
» que nous voulons punir ; il faut pour cela que nous
» allions à Paris. Qui sait ce qui va se passer ? Peut-
» être se formera-t-il chez vous un de ces gouverne-

» ments qui ne respecte rien, qui fait des lois à sa
» guise, qui ne reconnaîtra pas la capitulation que
» vous aurez signée pour l'armée, qui forcera peut-
» être les officiers à violer les promesses qu'ils nous
» auraient faites, car on voudra, sans doute, se dé-
» fendre à tout prix. Nous savons bien qu'en France
» on forme vite des soldats; mais de jeunes soldats
» ne valent pas des soldats aguerris, et d'ailleurs,
» ce qu'on n'improvise pas, c'est un corps d'offi-
» ciers, ce sont même les sous-officiers. Nous vou-
» lons la paix, mais une paix durable, et dans les
» conditions que je vous ai déjà dites; pour cela, il
» faut que nous mettions la France dans l'impossi-
» bilité de nous résister. Le sort des batailles nous a
» livré les meilleurs soldats, les meilleurs officiers
» de l'armée française; les mettre gratuitement en
» liberté pour nous exposer à les voir de nouveau
» marcher contre nous serait folie; ce serait prolon-
» ger la guerre, et l'intérêt de nos peuples s'y oppose. » (Ils semblaient se regarder en cet instant
comme déjà maîtres de la France, par suite de
notre défaite.) « Non, général, quel que soit l'inté-
» rêt qui s'attache à votre position, quelque flat-
» teuse que soit l'opinion que nous avons de votre
» armée, nous ne pouvons acquiescer à votre de-
» mande et changer les premières conditions qui
» vous ont été faites. » — « Eh bien, répliqua avec
» dignité le général Wimpffen, il m'est également
» impossible à moi de signer une telle capitulation;
» nous recommencerons la bataille. » — Le général
Castelnau prenant alors la parole dit d'une voix
hésitante : « Je crois l'instant venu de transmettre

» le message de l'Empereur. — Nous vous écoutons,
» général, dit M. de Bismarck. — L'Empereur, con-
» tinua le général Castelnau, m'a chargé de faire re-
» marquer à *Sa Majesté* le roi de Prusse, qu'il lui avait
» envoyé son épée sans condition, et s'était *personnel-*
» *lement* rendu absolument à sa merci, mais qu'il n'a-
» vait agi ainsi que dans l'espérance que le roi serait
» touché d'un si complet abandon, qu'il saurait l'ap-
» précier, et qu'en cette considération il voudrait
» bien accorder à l'armée française une capitulation
» plus honorable et telle qu'elle y a droit pour son
» courage.
» —Est-ce tout? demanda M. de Bismarck.— Oui,
» répondit le général. — Mais quelle est l'épée qu'a
» rendue l'Empereur Napoléon III? *Est-ce l'épée de la*
» *France* ou *son épée à lui?* Si c'est celle de la France,
» les conditions peuvent être singulièrement modi-
» fiées, *et votre message aurait un caractère des plus*
» *graves.*—C'est seulement *l'épée de l'Empereur,* reprit
» le général Castelnau. — En ce cas, reprit en hâte,
» presqu'avec joie, le général de Moltke, cela ne
» change rien aux conditions, et il ajouta : L'Em-
» pereur obtiendra pour sa personne tout ce qu'il lui
» plaira de demander. » (Il me parut qu'il pouvait
bien y avoir une secrète divergence d'opinion entre
M. de Bismarck et le général de Moltke, et que le
premier n'aurait pas été fâché, au fond, de terminer la
guerre, tandis que le général désirait, au contraire,
la continuer.)
» Aux dernières paroles du général de Moltke, le
général de Wimpffen répéta : « Nous recommence-
« rons la bataille. — La trève, répliqua le général de

» Moltke, expire demain à quatre heures du matin.
» A quatre heures précises, j'ouvrirai le feu. »

» Nous étions tous debout, on avait fait demander
nos chevaux. Depuis les dernières paroles, on n'avait
pas prononcé un mot : ce silence était glacial.

» Reprenant en ce moment la parole, M. de Bis-
marek dit au général Wimpffen : « Oui, général,
» vous avez de vaillants et d'héroïques soldats, je ne
» doute pas qu'ils ne fassent demain des prodiges de
» valeur et ne nous causent des pertes sérieuses;
» mais à quoi cela servirait-il? Demain soir, vous
» ne serez pas plus avancé qu'aujourd'hui, et vous
» aurez seulement sur la conscience le sang de vos
» soldats et des nôtres, que vous aurez fait couler
» inutilement : qu'un moment de dépit ne vous fasse
» pas rompre la conférence; M. le général de Moltke
» va vous convaincre, je l'espère, que tenter de résis-
» ter serait folie de votre part. »

» On se rassit, et le général de Moltke reprit en ces
termes : ·

» Je vous affirme de nouveau qu'une percée ne pour-
» ra jamais réussir, quand même vos troupes se-
» raient dans les meilleures conditions possibles ; car,
» indépendamment de la grande supériorité numé-
» rique de mes hommes et de mon artillerie, j'occupe
» des positions d'où je puis brûler Sedan dans quel-
» ques heures ! Ces positions commandent toutes les
» issues par lesquelles vous pouvez essayer de sortir
» du cercle où vous êtes enfermés, et sont tellement
» fortes, qu'il est impossible de les enlever.

» — Oh ! elles ne sont pas aussi fortes que vous vou-
» lez le dire, ces positions, interrompit le général de

» Wimpffen. — Vous ne connaissez pas la topogra-
» phie des environs de Sedan, répliqua le général
» de Moltke, et voici un *détail bizarre et qui peint bien*
» *votre nation présomptueuse et inconséquente ; à l'entrée*
» *de la campagne, vous avez fait distribuer à tous vos*
» *officiers des cartes de l'Allemagne, alors que vous*
» *n'aviez pas le moyen d'étudier la géographie de votre*
» *pays, puisque vous n'aviez pas les cartes de votre*
» *propre territoire.* Eh bien ! moi, je vous dis que nos
» positions sont, non-seulement très-fortes, mais for-
» midables et inexpugnables. » Le général de Wimpffen ne trouva rien à répondre à cette sortie, dont il
pouvait apprécier la force et la vérité. — Au bout
d'un instant, il reprit : « Je profiterai, général, de
» l'offre que vous avez bien voulu me faire au début
» de la conférence ; j'enverrai un officier voir ces
» forces formidables dont vous me parlez, et à son
» retour, je verrai et prendrai décision.

» — Vous n'enverrez personne, c'est inutile, répli-
» qua le général de Moltke sèchement, vous pouvez me
» croire ; et, d'ailleurs, vous n'avez pas longtemps à
» réfléchir, car il est minuit, c'est à quatre heures du
» matin qu'expire la trève et je ne vous accorderai
» pas un instant de sursis.

» — Pourtant, fit observer le général de Wimpffen,
» qui abandonna, du reste, sans plus insister, le pro-
» jet de faire vérifier les positions de l'ennemi, pour-
» tant vous devez bien comprendre que je ne puis
» prendre seul une telle décision ; il faut que je con-
» sulte mes collègues ; je ne sais où les trouver tous
» à cette heure dans Sedan, et il me sera impossible
» de vous donner une réponse pour quatre heures. Il

» est donc indispensable que vous m'accordiez une
» prolongation de trêve.

» Comme le général de Moltke refusait opiniâtré-
ment, M. de Bismarck se pencha vers lui et lui murmura à l'oreille quelques mots qui me parurent signifier que le Roi arriverait à neuf heures et qu'il fallait l'attendre. Ce colloque à voix basse terminé, le général de Moltke dit en effet au général de Wimpffen qu'il consentait à lui accorder jusqu'à neuf heures; mais que ce serait la dernière limite.

» La conférence était terminée ou à peu près; on discuta encore quelques détails, on dispensa les soldats français de rendre eux-mêmes les armes, on promit de laisser aux officiers tout ce qui leur appartiendrait, armes, chevaux, etc. (Plus tard ces dernières conditions ne furent pas remplies.)

» Je jugeai, dès ce moment, que la capitulation était décidée en principe par le général de Wimpffen, et que s'il ne la signait pas immédiatement c'était pour sauver les apparences et aussi pour tâcher de diminuer la responsabilité qui lui incombait fatalement, en la faisant partager autant que possible par les autres généraux. . . . . . »

Réunion des commandants de corps d'armée et des généraux de Le lendemain matin, les commandants de corps d'armée et les généraux de division furent convoqués pour prendre connaissance des termes de la capitulation.

Le général de Bellemare dit que ces conditions étaient inacceptables : qu'il fallait se défendre dans la place.

division. Protestation des généraux Pellé et de Bellemare.

Sur l'observation du chef d'état-major, déclarant qu'il n'y avait pas dans toute la ville une journée de vivres, le général Pellé proposa une sortie. Mais quand on eut appris à cet officier général que l'ennemi tenait les portes et que c'était lui qui, le matin, avait ouvert les barrières aux parlementaires, les généraux Pellé et de Bellemare comprirent comme tout le monde qu'une nouvelle lutte n'aboutirait qu'à un massacre inutile de milliers d'hommes, et adhérèrent à la capitulation.

L'Empereur qui, la veille au soir, avait adressé au roi de Prusse la lettre suivante : « Mon bon frère, » n'ayant pu mourir au milieu de mes troupes, il ne » me reste qu'à remettre mon épée entre les mains » de Votre Majesté, » était allé dès le matin se constituer prisonnier ; il espérait voir le Roi et obtenir de meilleures conditions pour l'armée. Mais on empêcha Sa Majesté de se trouver en contact avec le souverain allemand avant que le général de Wimpffen n'eût apposé sa signature au bas du protocole. A dix heures, le général arrivait au camp prussien ; à onze heures tout était consommé. Quelques minutes après, Napoléon III voyait le roi Guillaume.

L'Empereur, venu se constituer prisonnier, ne peut obtenir une entrevue avec le roi de Prusse avant que la capitulation ne soit signée.

Pendant que se terminait au quartier général allemand ce drame pénible, sans exemple dans notre histoire, à Sedan les généraux et les états-majors s'étudiaient à remettre un peu d'ordre dans notre malheureuse armée et à lui faire distribuer quelques vivres.

Conformément aux ordres venus de l'état-major prussien, les armes sont laissées dans la ville sur les emplacements que les troupes occupaient et l'armée se rend dans la presqu'île que forme la Meuse en contournant le village d'Iges. C'est là que plus de 70,000 hommes furent parqués pendant près de quinze jours sur un sol marécageux et entièrement détrempé par des pluies torrentielles.

Dès le 4 septembre, le général commandant en chef, sans plus s'inquiéter de son armée, était parti pour Stuttgardt, après avoir prié le général de Moltke de lui accorder l'autorisation d'emmener « ses deux vieux chevaux,... bêtes hors d'âge, disait-il, et incapables de faire un bon service de guerre. »

Les autres généraux furent plus soucieux de leurs soldats

Le commandant du 1er corps se rendit à Donchery pour obtenir du prince royal une distribution de vivres et régler la question du transport des officiers (1).

Il ne put recevoir à ce sujet que des promesses vagues, qui ne furent même qu'imparfaitement remplies.

De retour au camp des prisonniers de Glaire, le général s'occupa d'organiser une sorte d'administration provisoire pour diriger les distributions. Il sollicita de l'état-major allemand l'autorisation de demeurer

(1) Ce fut là que le général Ducrot eut avec le général de Blümenthal l'entretien rapporté plus haut et recueillit de la bouche du prince royal les paroles échappées au Roi en voyant charger notre cavalerie.

au camp de Glaire jusqu'à complète évacuation. Moins heureux que le général de Wimpffen, il se vit refuser ce qu'il demandait et reçut l'ordre impératif de partir le 7. — Il avait donné sa parole d'honneur d'être rendu le 11 avant midi à Pont-à-Mousson. Avant l'heure fixée il venait se remettre entre les mains de l'autorité allemande.

Dans une lettre au gouverneur de Paris, et reproduite pendant le siége, le général a expliqué en détail comment il s'était soustrait à la captivité. Le comte de Bismarck a été obligé de s'incliner devant les faits et devant les sommations énergiques du général Ducrot. Les documents reproduits à la fin de ce travail prouvent surabondamment le droit qu'avait le général d'agir comme il le fit. Il est donc inutile de revenir sur cet incident.

———————

Avant de quitter la plume, qu'il nous soit permis de faire quelques réflexions sur les conséquences et les suites d'une retraite plus ou moins heureuse de l'armée.

Aurions-nous fini par triompher ?

Avouons-le!!! nos chances, bien qu'augmentées, n'auraient pu faire pencher tout à fait la balance de notre côté. . . Mais très-certainement la lutte et été si acharnée, la victoire si chèrement achetée, que nos ennemis n'auraient jamais pu nous imposer les

humiliantes conditions que nous subissons aujour-
d'hui.

Les regrets comme les récriminations ne change
ront, hélas ! rien aux tristes événements accomplis....

Puisse seulement notre Patrie profiter de cette dure
leçon.

Tout d'abord il faut être bien convaincu que
nos malheurs pouvaient être différés, ou moins ra-
pides, ou moins écrasants, mais qu'ils étaient inévi-
tables...

Lorsque dans deux pays voisins, chez l'un on érige
en principe : qu'un homme, moyennant une somme
d'argent peut se faire remplacer à l'armée, s'arran-
ger une vie facile, exempte de souffrances et de dangers....

Chez l'autre : que tout citoyen marié ou célibataire,
riche ou pauvre, doit, comme premier acte de sa vie
d'homme, s'exercer aux armes, s'endurcir aux fati-
gues, se plier à la discipline...

Qu'arrive-t-il ?

Les hommes du premier pays, malgré leur glorieux
passé, ne tardent pas à s'énerver... faibles de bras, ils
deviennent faibles de cœur... incapables de rien : ils
ne croient à rien : Dieu.... patrie, grandeur et gloire
militaire sont pour eux des hypothèses... des mots...
Ils rient de ces barbares qui croient à toutes ces
choses....

Bientôt ils fuiront devant eux !!...

Cependant ceux-ci, travailleurs, instruits, aguerris,
disciplinés, mais jaloux, haineux, pleins d'appétits
grossiers et brutaux, convoitent ardemment le luxe et
la richesse qu'affichent leurs vaniteux voisins avec

une fastueuse ostentation (1).... Ils n'attendent que l'instant favorable... pour se jeter sur cette proie magnifique... La partie leur est assurée, car ils savent qu'en dehors de quelques milliers d'hommes généreux et braves, qu'ils écraseront sous leurs masses, ils ne rencontreront que faiblesse et impuissance...

Et bientôt ce Français qui croyait que la vie était une succession de joies et de plaisirs... voit sa maison envahie, saccagée, pillée... brûlée...

C'est en vain qu'il tente un semblant de défense... cet ancien maître du monde ne sait plus tenir une arme... Comment le saurait-il? Le temps qu'il n'a pas consacré à l'accroissement de sa fortune ou à ses plaisirs, il l'a passé à applaudir ses rhéteurs favoris, prêchant la confraternité des nations et le désarmement des peuples...

Si maintenant nous voulons renaître...

Nous avons, ne nous le dissimulons pas, beaucoup à faire...

Persuadons-nous tout d'abord que le sentiment du devoir prime le sentiment du droit... Faisons rigoureusement notre devoir, tout notre devoir... Nous nous corrigerons ainsi de notre oisiveté, de notre ignorance, de notre indiscipline et de bon nombre de vices qui nous rongent.

Parlons un peu moins de la revanche et travaillons beaucoup pour la rendre possible.

Enfin, que tous les partis se **pardonnant** récipro-

(1) Exposition universel de 1867.

quement leurs erreurs, oubliant leurs querelles, se donnent loyalement la main pour relever notre chère Patrie... plus que jamais, elle a besoin de l'appui de tous ses enfants.

Un dernier mot à l'armée...

Qu'à sa devise : HONNEUR ET PATRIE... devise dont elle ne s'est pas départie, elle ajoute : TRAVAIL ET DISCIPLINE !!!

Général A. DUCROT.

PIÈCES A L'APPUI

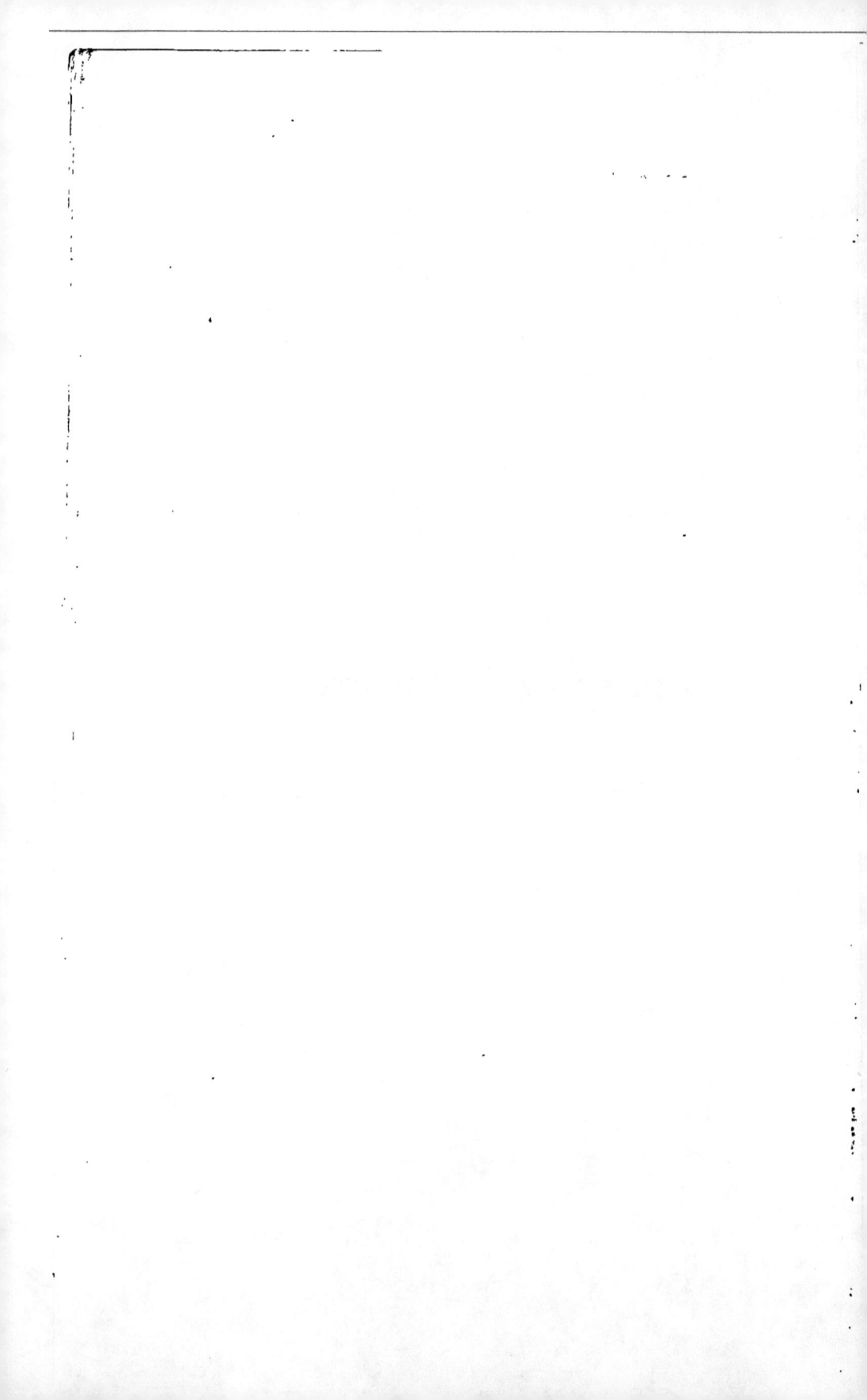

Lettre du général Trochu au général Ducrot.

Versailles, le 24 août 1871.

Mon cher général,

Dans un livre que vient de publier le général de Wimpffen sur la douloureuse affaire de Sedan, je lis un passage où il annonce qu'il m'a adressé à Paris son rapport sur l'événement, et que si je n'ai pas fait publier ce rapport, qu'il juge compromettant pour vous, c'est par suite d'une entente entre vous et moi, qu'expliquent les sentiments d'amitié qui nous lient.

J'oppose à ces dires et à l'insinuation qu'ils renferment la dénégation la plus catégorique et la plus absolue. J'affirme avec tous les officiers de mon cabinet chargés de l'ouverture des dépêches, avec mon chef d'état-major général chargé de leur donner suite, que je n'ai jamais reçu ce rapport, dont l'existence ne m'est révélée, malgré la publicité que lui aurait donnée un ami du général, que par le livre dont il s'agit.

J'ajoute que je ne puis m'expliquer à quel titre le commandant en chef de l'armée française, prisonnier avec l'Empereur, aurait adressé ce rapport au Gouverneur de Paris, président du Gouvernement de la Défense. Je doute que le général Le Flô, alors ministre de la guerre, l'ait reçu plus que moi. Il n'aurait pas manqué de me communiquer ce document relatif à des événements dont, à la veille d'être investis par l'ennemi, nous étions très incomplètement informés dans leurs détails.

Mille amitiés.

Général TROCHU.

Rapport de M. le général de Wimpffen sur la bataille de Sedan, enregistré sur le registre de correspondance de l'état-major général de l'armée de Châlons (1).

Monsieur le Ministre,

J'ai l'honneur d'exposer à Votre Excellence la situation dans laquelle j'ai trouvé l'armée au moment où j'en ai pris le commandement après la blessure du maréchal de Mac-Mahon. Je ferai suivre cet exposé du récit des incidents qui se sont produits sur le champ de bataille et après le combat.

Ainsi que je vous l'ai déjà fait connaître, l'armée concentrée sous Sedan avait pris position sur la rive droite de la Meuse, la droite à Bazeilles, la gauche à

(1) Ce rapport a été écrit à Sedan, c'est-à-dire le 2 ou le 3 septembre, puisque M. le général de Wimpffen est parti pour la Belgique le 4. Nous ignorons s'il a été envoyé au ministre, mais il est certain qu'il a été enregistré sur le registre de correspondance de l'état-major général.

Quelques jours après, M. le général de Wimpffen a fait un second rapport qui est daté de Fays-les-Veneurs (Belgique), le 5 septembre. C'est celui qui est reproduit dans son livre (page 193).

En comparant ces deux documents, l'on sera certainement porté à penser que, même après la bataille, le général de Wimpffen ne savait pas encore au juste ce qu'il avait voulu faire pendant l'action. — Si, comme il le dit dans sa polémique avec le général Lebrun (page 283), la première impression est la plus vraie, l'on sera tenté de s'en rapporter au premier rapport, qui concorde beaucoup mieux que le second avec le récit du général Ducrot.

Givonne ; les corps d'armée étaient placés dans l'ordre suivant : le 12ᵉ à droite, à sa gauche le 1ᵉʳ et le 5ᵉ, et le 7ᵉ à l'extrême gauche. À quatre heures et demie du matin le 12ᵉ corps était vivement attaqué et la lutte ne tarda pas à devenir générale.

A neuf heures, lorsque nos troupes étaient partout vigoureusement engagées, je pris le commandement de l'armée, bien décidé à prolonger une lutte disproportionnée le plus longtemps possible, *dans l'espoir de trouver un moment opportun pour me faire jour au milieu de l'armée ennemie qui nous enveloppait de tous côtés, et dont la force était d'environ 220,000 hommes.* Un projet formé par le général Ducrot, et qui avait déjà reçu un commencement d'exécution, consistait à percer la ligne ennemie sur Illy ; *ce mouvement me paraissant inopportun et même dangereux*, au moment où on le commençait, je donnai l'ordre de le suspendre. Toutefois, je me portai auprès du général Douay pour mieux me rendre compte de la situation des troupes engagées sur notre ligne de retraite. Là, j'acquis la conviction que ce mouvement ne pourrait *s'opérer que par surprise* et à la condition de *prolonger le combat jusqu'à la nuit.* En effet, des masses d'infanterie, de cavalerie et d'artillerie disposées par l'ennemi sur la ligne de retraite, prouvait qu'il s'était mis en mesure de déjouer cette tentative. *Je revins me placer au centre de la vaste circonférence que défendaient nos troupes,* afin de mieux suivre les péripéties d'une lutte qui, par moments, *me donnait l'espoir du succès.* Vers trois heures de l'après-midi, voyant mes troupes faiblir sous un épouvantable feu d'artillerie qui ne laissait aucun point du champ de bataille intact, je me portai de nouveau dans la direction d'Illy, et en voyant la position formidable prise par l'ennemi sur ce point, je compris que toute retraite était impossible de ce côté ; *j'invitai alors le général Ducrot, commandant le 1er corps, à réunir tout ce qu'il pourrait trouver de troupes disponibles pour assurer le plus long-temps possible, avec l'aide du 1er corps, notre maintien sur le plateau d'Illy :* d'un autre côté, recevant du général Lebrun, commandant le 12e corps, l'avis que nous avions une certaine supériorité sur ce point, je pris la détermination d'appeler à moi toutes les forces restées disponibles des 1er et 5e corps, conservant en réserve le 7e corps et des fractions du 1er, pour faire effort de ce côté, et tenter de m'ouvrir un passage dans la direction de Carignan. *L'ennemi céda devant moi ;* mais pendant que s'opérait ce retour offensif, *les troupes placées sur le plateau d'Illy étaient écrasées par des forces supérieures et refoulées dans la place.* Les troupes du général Lebrun, avec lesquelles j'avais fait ce mouvement offensif dans la direction de Carignan, mouvement que j'avais poussé jusqu'au delà du village de Balan, étant trop peu nombreuses, je dus à mon tour me replier dans la ville. Pendant que le mouvement s'accomplissait, l'Empereur, jugeant la situation désespérée, faisait arborer sur la citadelle un drapeau blanc pour demander un armistice, et le feu cessait peu de temps après.

A six heures du soir l'Empereur me fit appeler pour me charger des négociations, en ce qui concernait les troupes ; et c'est alors que me fut connue la véritable situation des troupes, qui n'avaient plus qu'un jour de vivres et dont les munitions étaient presque entièrement épuisées. Comme d'ailleurs la ville était sans ressources, j'acceptai la douloureuse mission de me transporter auprès de M. le comte de Moltke, désigné par le roi de Prusse pour traiter des conditions relatives à l'armée. Au bout de quelques instants d'entretien, j'acquis la certitude que le comte de Moltke avait malheureusement la connaissance très-exacte de notre situation et de notre dénûment complet en vivres et en munitions.

M. de Moltke m'apprit que dans la journée d'hier, nous avions combattu contre une armée de 220,000 hommes qui nous entourait de toutes parts : « Géné- » ral, me dit-il, nous sommes disposés à faire à votre » armée, qui s'est si vaillamment battue aujourd'hui, » les conditions les plus honorables. Nous deman- » dons que l'armée française capitule ; elle sera pri- » sonnière de guerre. Les officiers conserveront leur » épée et leurs propriétés personnelles : les armes de » la troupe seront déposées dans un magasin de la » ville pour nous être livrées. » Mon premier mou- vement fut de refuser de semblables conditions, et je revins sans avoir rien arrêté ; mais le lendemain, de grand matin, je convoquai un conseil de guerre com- posé des commandants de corps d'armée, des géné- raux commandant les divisions, et des commandants en chef de l'artillerie et du génie de l'armée. Après un examen sérieux de la situation de l'armée et de la place, il fut reconnu à l'unanimité qu'il y avait im- possibilité absolue de se défendre, et que par suite nous étions dans l'obligation d'accepter les conditions qui nous étaient imposées. Il me restait donc à les obtenir aussi peu humiliantes que possible, et je me rendis immédiatement au quartier général du roi de Prusse, où fut signée la convention dont je vous adresse ci-joint là copie.

Votre Excellence remarquera que les troupes sont dispensées des formalités blessantes, souvent exigées dans de semblables circonstances, et que les officiers sont laissés libres à la condition de ne pas servir pendant la guerre. J'ajouterai que *sans des raisons politiques se rattachant à l'instabilité des gouvernements en France*, j'aurais certainement obtenu des conditions plus douces encore. M. de Moltke et M. de Bismarck m'ont répété à plusieurs reprises que ces considérations seules les empêchaient de rendre à l'armée tous les honneurs que méritait, à leurs yeux, son héroïque défense.

Je ne connais pas encore le chiffre de nos pertes ; mais elles sont très-considérables, et l'ennemi nous a fait beaucoup de prisonniers.

PIÈCES RELATIVES

A L'ÉVASION DU GÉNÉRAL DUCROT

Évadé dans la nuit du 11 au 12 septembre, le général Ducrot, en arrivant à Chagny dans la soirée du 12, envoyait à sa famille le télégramme suivant :

« Chagny, 13 septembre 1870.

» *Madame Ducrot, à Pougues-les-Eaux.*

« Je me suis échappé des mains des Prussiens. —
» Je suis libre de ma personne, libre de tout engage-
» ment. — J'arriverai cette nuit à Chazelles. »

Arrivé en Nivernais, dans la nuit du 13 au 14, il venait d'embrasser sa femme et ses enfants lorsqu'il reçut un télégramme du général Trochu qui l'invitait à se rendre immédiatement à Paris. — Trois heures après, il partait par la voie de Bourges, celle de Fontainebleau étant déjà coupée. — Le 15 au matin, il était à Paris ; le 16, il prenait le commandement des 13e et 14e corps ; le 17, il visitait, avec le gouverneur de Paris, les hauteurs qui s'étendent de Montretout à Bagneux, et jugeant qu'il fallait au moins tenter de les défendre, il s'installait dans la soirée, avec le 14e corps, sur les hauteurs de Châtillon.

Dans la journée du 18, prévenu par ses reconnaissances de la présence des Prussiens à Villeneuve-Saint-Georges et Choisi-le-Roi, il prenait la résolution de les attaquer pendant leur marche téméraire sur Versailles, par le ravin de la Bièvre.

Dans ce but, il livrait, le 19, le combat de Châtillon qui, s'il eût été heureux, aurait certainement retardé de plusieurs semaines l'investissement de Paris et permis de mettre en sérieux état de défense toutes ces positions importantes sur lesquelles les travaux n'étaient encore qu'ébauchés.

Lettre du colonel Robert, chef de l'état-major général du 1er corps, à M. le général Ducrot.

Stettin, 21 février 1871 (Poméranie).

Mon général,

J'ai fermé hier la lettre que je vous ai adressée avant d'avoir terminé les renseignements que je désirais vous donner ; je tenais avant tout à ce que cette lettre partît sans plus de retard. Je viens compléter aujourd'hui les indications et explications nécessaires.

Nous avions lu dans les journaux, pendant la première quinzaine d'octobre, et notamment dans le *Times*, l'*Indépendance* et quelques journaux allemands, l'accusation que l'on faisait peser sur vous à propos de votre retour en France. Comme j'avais ici avec moi tout notre état-major du 1er corps, je réunis ces messieurs, et nous résolûmes de protester contre cette accusation, nous qui savions combien elle était mal fondée, et qui étions vos témoins d'autant plus dignes de foi, que nous nous trouvions depuis plus d'un mois déjà tout à fait séparés de vous et tout à fait libres de nous taire, si nous n'eussions rien eu à dire pour votre justification. — Notre première idée fut d'envoyer des réponses aux journaux signées de nous tous ; mais nous avions pris en arrivant ici l'engagement d'honneur (qui demeure encore maintenu) de ne recevoir et de n'envoyer aucune correspondance autrement que par l'intermédiaire du commandant militaire de Stettin. — Nous dûmes donc en référer à ce commandant ; dès lors nous eûmes l'idée qu'il convenait de donner à notre démarche un caractère plus sérieux que celui qui résulterait d'une simple réponse aux journaux, et nous résolûmes de déposer une protestation signée de nous tous entre les mains du général commandant la forteresse de Stettin, avec prière de la transmettre au commandement supérieur de l'armée allemande. — Nous demandâmes, moi, Corbin et Rouff, une audience au général, M. de Freiholl (maintenant décédé). Je remis entre ses mains notre protestation collective et la minute en allemand et en français de la note que nous demandions à faire insérer dans les journaux. — Nous eûmes une assez longue conversation avec le général, par l'intermédiaire du capitaine Rouff, qui parle l'allemand. — Il fut bienveillant, nous engagea à ne rien écrire dans les journaux, parce que ce serait ouvrir une polémique interminable et présentant de grands inconvénients. (Nous dûmes comprendre que son conseil était un ordre.) Il ajouta que vous sauriez bien répondre vous-même sans doute. — Quant à la protestation, il vit aussi des inconvénients, nous dit-il, à la transmettre au ministre de la guerre à Berlin; mais en résumé il ne nous la rendit point et la *conserva.* — Enfin, lorsque j'eus insisté pour que Rouff lui expliquât bien les termes de la capitulation, d'une part, et ceux du sauf-conduit, de l'autre, et tout ce que vous aviez fait pour dégager rigoureusement votre parole, il fut conduit à dire que si les choses étaient ainsi, il pensait qu'il se serait cru autorisé à faire comme vous. J'appuyai sur le texte de la capitulation qui partage les officiers en deux catégories, l'une (art. 2) composée de ceux qui rentraient en France, en signant le *revers,* avec armes, chevaux et bagages, et qui devenaient *libres sur parole, hic et nunc;* l'autre (art. 5) composée de ceux qui, n'ayant pas voulu du bénéfice de l'article 2, demeuraient, une fois enclos dans la prison d'Iges, des *prisonniers gardés,* exposés aux coups de fusil en cas de tentative d'évasion. — C'est dans cette seconde catégorie que nous avons, vous et nous, été compris, et dont nous ne sommes sortis (nous qui n'avons pu nous échapper) qu'après notre arrivée ici, en signant *un nouvel enga-*

gement d'honneur. — Ce n'est que transitoirement
et uniquement pour le trajet de Glaire à Pont-à-Mousson, que nous sommes devenus prisonniers sur parole; et nous sommes *redevenus prisonniers gardés,*
au moment où, après nous être rendus tous à la gare
à l'heure prescrite, nous nous y sommes mis pour la
seconde fois (l'ayant déjà fait une première fois sur la
place de l'Hôtel de ville) à la disposition de l'autorité
allemande, dans une gare gardée par des sentinelles
qui avaient chargé leurs armes devant nous. Voilà ce
que nous avons expliqué au général de Freiholl, et ce
que contenait en substance notre protestation dont,
au surplus, je compte vous envoyer une copie certi-
fiée par moi. Je ne crois pas me tromper en pensant
que notre protestation aura été envoyée au ministre ;
mais dans le cas contraire, elle a dû rester ici aux
archives de la commandature puisqu'on ne nous l'a
pas rendue.

Voilà, mon général, les renseignements que je tenais à vous donner. Mme Ducrot a été précédemment
informée sommairement de la démarche que nous
avions faite et peut-être aura-t-elle pu déjà vous en
donner avis. — Les signataires sont, avec moi, Corbin, Rouff, Peloux, de Sancy, de la Noüe, Achard,
d'Aupias, des Roches et de Lissac. — La protestation
est en date du 14 octobre.

Adieu, mon général, je vous adresse encore cette
lettre à Paris, sans trop savoir si ce n'est pas plutôt
à Bordeaux qu'elle devrait être envoyée. — Je vous
prie d'agréer l'assurance de mon respectueux atta-
chement.

Le colonel ROBERT.

*Lettre de M. le colonel Robert (1), chef de l'état-major
général du 1ᵉʳ corps, à M. le général de Freiholl,
commandant la place de Stettin.*

Stettin, le 14 octobre 1870.

Monsieur le général,

M. le général de division Ducrot, ancien commandant en chef du 1ᵉʳ corps de l'armée du maréchal de
Mac-Mahon, a été accusé dans quelques journaux,
d'après des renseignements venus, disent-ils, de Fer-
rières, *d'avoir manqué à sa parole d'honneur après la
capitulation de Sedan, en rentrant en France ou lieu de
se constituer prisonnier en Allemagne, comme il l'avait
promis.* De nouveaux commentaires à la charge de
cet officier général viennent de se produire dans le
journal de Stettin du 11 octobre, en réponse, à ce
qu'il paraît, à une note rectificative insérée dans un
journal français.

Les officiers qui, sous mes ordres, ont en dernier
lieu composé l'état-major général du 1ᵉʳ corps d'armée, et qui sont présents à Stettin, se sont émus
avec moi de ces accusations réitérées publiées contre leur ancien chef, et nous avons considéré comme

(1) Aujourd'hui général Robert, représentant à l'Assemblée
nationale.

un devoir d'honneur et de conscience de protester sans plus tarder contre elles, en apportant ici le témoignage des faits qui sont à notre connaissance et qui disculpent le général Ducrot des imputations dont il est l'objet.

Ces faits sont consignés dans une note ci-jointe : — J'ai l'honneur de vous prier, Monsieur le général, tant en mon nom personnel qu'au nom des officiers signataires de cette note, de vouloir bien la soumettre, avec ma présente lettre, au commandant supérieur de l'armée allemande.

Nous vous prions en même temps de nous permettre de faire insérer dans le journal de Stettin et dans *l'Indépendance belge* une autre note dont nous mettons le texte sous vos yeux.

Agréez, etc.

Signé : Colonel ROBERT.

Protestation des officiers de l'état-major général du 1er corps.

Les officiers soussignés ayant en dernier lieu composé l'état-major général du 1er corps d'armée, protestent contre les accusations dont M. le général Ducrot est en ce moment l'objet dans plusieurs journaux, et motivent leur protestation par les faits qu'ils attestent :

6

1° M. le général Ducrot ne fut point autorisé, comme le furent plusieurs généraux, à se rendre librement, dans un délai et par un itinéraire déterminé, en passant par la Belgique, dans la ville d'Allemagne qui lui serait désignée comme lieu de captivité, mais il lui fut permis seulement (comme à tous les autres généraux qui demeurèrent quelque temps avec les troupes dans la presqu'île de Glaire) de se rendre librement, sur parole, de Glaire à Pont-à-Mousson, avec ordre d'y arriver à jour et à heure fixes, en marchant avec ses officiers d'état-major, et en se faisant suivre de quelques domestiques, de quelques chevaux et de bagages portés sur des voitures.

2° L'engagement écrit qui lui fut alors imposé, le constituait *prisonnier sur parole d'une manière essentiellement temporaire*, et seulement pour le trajet de Glaire à Pont-à-Mousson, où il devait se mettre à la disposition du commandant militaire, lui, son état-major et sa suite, le 11 septembre vers midi.

3° Le général Ducrot, nous l'affirmons, a rempli de point en point cet engagement. — Non-seulement il s'est rendu avec nous à Pont-à-Mousson, non-seulement il s'y est mis comme nous à la disposition du commandant militaire en envoyant un de ses officiers d'ordonnance (qui parlait la langue allemande) présenter et rendre le sauf-conduit qui lui avait été remis à Glaire ; mais encore, après avoir reçu, par l'intermédiaire de cet officier d'ordonnance, l'ordre de se rendre vers une heure et demie à la gare du chemin de fer, il s'est réellement rendu, *en tenue militaire*, dans cette gare, où nous l'avons vu pendant que le départ du convoi qui devait nous emmener se préparait par les soins d'un commissaire allemand. Ce convoi, qui contenait un grand nombre de soldats prisonniers et de blessés, et qui était d'une longueur exceptionnelle, n'est d'ailleurs parti que vers quatre heures. Un poste militaire, *dont les armes avaient été chargées devant nous,* faisait alors un service de surveillance dans la gare et aux alentours.

Là se bornent les faits que nous pouvons attester avec certitude, car au moment où le départ du train était enfin prochain, nous sommes montés à la hâte dans une voiture de troisième classe qui nous a été désignée et nous n'avons plus revu M. le général Ducrot.

Il résulte pour nous de ces faits que si M. le général Ducrot, à partir de ce moment a pu, soit à Pont-à-Mousson, soit ailleurs, tenter et accomplir une évasion qui devait être assez difficile et qui n'était pas sans périls, c'est qu'il pouvait se considérer comme *ayant cessé d'être prisonnier sur parole,* pour devenir *un prisonnier surveillé.*

Stettin, 14 octobre 1870.

Ont signé :

Le colonel ROBERT, ex-chef d'état-major du 1er corps; le commandant CORBIN, ex-sous-chef; ROUFF, capitaine d'état-major; PELOUX, capitaine d'état-major, ACHARD, capitaine d'artillerie; DES ROCHES, lieutenant du 10e dragons; D'AUPIAS, lieutenant du 11e chasseurs; DE SANCY, lieutenant d'état-major; DE LANOUE, lieutenant d'état-major; DE LISSAC, lieutenant du 16e bataillon de chasseurs; officiers ayant composé l'état-major général du 1er corps.

Pour copie :
Le colonel ROBERT.

Au moment où la convention du 28 janvier fut signée, le général Ducrot se trouvait sans commandement ; il avait été mis en disponibilité lors de la réorganisation de toutes les forces militaires de Paris en une seule armée, sous le commandement en chef du général Vinoy.

Lorsque l'état-major et le ministre de la guerre établirent les listes des prisonniers de guerre, le général Ducrot ne fut compris sur aucune et l'observation en fut faite par M. le comte de Bismarck dans une conversation qu'il eut avec M. Jules Favre le 9 du mois de février.

Toutefois, M. de Bismarck admit comme parfaitement fondée la raison donnée par M. Jules Favre, à savoir, que le général Ducrot n'avait pas été considéré comme prisonnier, parce qu'il n'appartenait plus à l'armée active au moment de la signature de la convention. — Le comte de Bismarck ajouta : « Tant mieux, cela simplifie les choses, parce que » nous pourrions avoir une question délicate à ré- » gler avec le général Ducrot au sujet de son évasion, » après la capitulation de Sedan. »

Aussitôt que le général Ducrot eut connaissance de ce double fait, c'est-à-dire, de son omission sur la liste des prisonniers et de la persistance de M. de Bismarck à mettre en doute la régularité de sa situation, comme prisonnier évadé, il adressa au major-général de l'armée allemande la lettre suivante :

Paris, 10 février 1871

Mon général,

J'apprends à l'instant, par M. Jules Favre, qui a eu à ce sujet une conversation avec M. le comte Bismarck, que je ne suis pas compris sur la liste des prisonniers de guerre.

Il est vrai que j'ai été mis en disponibilité le 26 janvier, c'est-à-dire antérieurement à la convention du 28, mais je ne saurais me retrancher derrière une subtilité réglementaire pour bénéficier d'une disposition aussi imprévue.

Je tiens à honneur de partager le sort de l'armée que j'ai commandée pendant toute la durée du siége, et je prie Votre Excellence de vouloir bien faire ajouter mon nom à ceux des officiers portés sur la liste qui est entre ses mains.

Cette formalité remplie, je prie Votre Excellence de vouloir bien me donner les moyens de comparaître le plus tôt possible devant un conseil de guerre ou un tribunal d'honneur pour statuer sur la question de mon évasion après la capitulation de Sedan, évasion au sujet de laquelle j'ai vu avec douleur que, malgré les explications très-nettes que j'ai fournies, des doutes sont restés dans l'esprit des officiers de l'armée allemande.

Je réclamerai le même droit pour quatre officiers de mon état-major qui sont dans la même situation que moi, ce sont : MM. les comtes DE CHABANNES,

6.

chef d'escadron d'état-major ; le commandant BOS-
SAN, chef d'escadron d'état-major ; le baron FAVEROT
DE KERBRECK, chef d'escadron de cavalerie ; le capi-
taine DE GASTON, officier d'ordonnance.

Veuillez agréer, mon général, l'assurance
de ma haute considération.

Le général de division

A. DUCROT.

Ex-général en chef de la deuxième armée de Paris.

Le général Ducrot eut soin de faire porter cette
lettre au quartier général prussien par le commandant Faverot de Kerbreck et le capitaine de Gaston,
précisément cités dans ladite lettre.

Leur présence n'amena aucune observation de la
part de l'état-major allemand, et dès le lendemain le
général Ducrot recevait de M. le comte de Moltke la
réponse à sa lettre.

*A Son Excellence l'ex-commandant la 2ᵉ armée de
Paris, M. le général de division A. Ducrot.*

J'ai l'honneur de répondre très-respectueusement
à la lettre que votre Excellence a bien voulu m'a-
dresser hier que, suivant le vœu qui y est exprimé,

le nom de Votre Excellence sera porté sur la liste des prisonniers de guerre de Paris. — En conséquence de la proposition que fait ensuite Votre Excellence, le conseil de guerre demandé sera réuni aussitôt que cela sera pratiquement possible, et Votre Excellence sera avertie de l'époque de cette convocation par le ministre de la guerre et de la marine, le général d'infanterie de Roon.

Avec une haute considération,

Je suis, très-respectueusement,

Comte DE MOLTKE,

Général d'infanterie et chef d'état-major général de l'armée allemande.

Le général Ducrot répliqua immédiatement à M. le général de Moltke dans les termes suivants :

Paris, 14 février 1871.

A Son Excellence le comte de Moltke, général d'infanterie, chef d'état-major général de l'armée allemande.

J'ai l'honneur d'informer Votre Excellence que je me rends à Bordeaux, pour siéger à l'Assemblée nationale. Je me tiendrai à la disposition du conseil de guerre annoncé, lorsqu'il paraîtra possible à Son Excellence Monsieur le ministre de Roon de le convoquer.

Veuillez agréer, mon général, l'assurance de ma haute considération,

Le général de division,

A. Ducrot.

Ce fut M. le comte de Bismarck qui répondit à cette seconde lettre.

Versailles, 17 février 1871.

Monsieur le général,

En réponse à votre gracieuse lettre du 14 de ce mois à Son Excellence Monsieur le général de Moltke et qui me l'a remise, j'ai l'honneur de vous répondre, avec le plus profond respect, que jusqu'ici les officiers français prisonniers de guerre qui ont prié Sa Majesté l'Empereur et Roi de leur permettre d'aller à Bordeaux, ont reçu la présente lettre. — Et pour cette raison, je vous offre un même écrit, puisque selon votre désir vous avez été compris parmi les officiers français prisonniers.

Veuillez agréer, Monsieur le général, l'assurance de ma considération la plus distinguée.

Comte de Bismarck.

Le général Ducrot a vainement attendu qu'il fût *pratiquement possible* de réunir le conseil de guerre annoncé par M. le général de Moltke. Ne voulant pas cependant laisser subsister l'ombre d'un doute sur la parfaite loyauté de sa conduite, il a demandé à soumettre les faits relatifs à son évasion à l'examen de la commission instituée par la loi que l'Assemblée nationale a votée dans sa séance du 8 août 1871. A la suite de cet examen, le président de la commission, l'honorable général Changarnier, a adressé au général Ducrot la lettre suivante :

Monsieur le général Ducrot, à l'Assemblée nationale.

Versailles, 16 septembre, 1871.

Cher général,

La commission nommée par l'Assemblée nationale, en exécution de la loi votée le 8 août 1871, a entendu les explications que vous avez spontanément cru devoir lui donner au sujet de votre évasion après la capitulation de Sedan. — Elle vous félicite, cher général, d'avoir tenu à honneur de reprendre les armes dès qu'il vous a été possible de vous soustraire à la surveillance de l'ennemi dont vous étiez le *prisonnier gardé*.

Croyez, cher général, à mes sentiments d'affectueuse estime.

Le Président,

CHANGARNIER.

EXTRAIT

Du procès-verbal de la séance du 4 janvier 1871.

CAPITULATION DE SEDAN

. . . .

.....Le général Ducrot, auquel le maréchal remit le commandement après sa blessure, se rendait compte de la situation, et, voyant le danger que courait l'armée française en se laissant enserrer autour de Sedan, prescrivit aussitôt des dispositions de retraite sur Mézières, seule direction dont la route lui paraissait libre en cet instant. Mais à peine une heure s'était-elle passée et ses ordres recevaient-ils un commencement d'exécution, que le général de Wimpffen, se prévalant d'une lettre qui lui avait été remise par le ministre de la guerre, réclama le commandement en chef, et, désapprouvant les mesures prises par le géné-

Conseil d'enquête sur les capitulations.

ral Ducrot, *sans avoir encore un plan bien arrêté*, ainsi qu'il le dit lui-même, mais, comptant sur les péripéties de la bataille pour tenter une combinaison désastreuse, prescrivit de reprendre les positions abandonnées par suite des premiers ordres.

Dès lors, le général de Wimpffen assuma toute la responsabilité du commandement.

Ce changement d'impulsion ébranla encore davantage la confiance de l'armée et y mit le désordre. . . . .

.....Le Conseil peut facilement apprécier la funeste influence qu'exerça sur l'armée ce changement de trois généraux en chef différents à quelques heures d'intervalle et le défaut de suite dans les opérations militaires qui en furent la conséquence; il peut juger les combinaisons qui se produisirent successivement, les chances de succès ou d'insuccès qu'elles présentaient; il est de son devoir de dire que le projet du général Ducrot était le plus rationnel, car, en admettant que la concentration sur la gauche ne pût réussir, ce qui était difficile, il est vrai, et qu'après un vigoureux effort, l'on ne pût s'ouvrir la route de Mézières, on pouvait tout au moins concevoir l'espoir de sauver une bonne partie de l'armée en se jetant sur le territoire belge.

Il doit constater également qu'en réclamant le

commandement en chef de l'armée, par suite de la lettre du ministre de la guerre, *sans avoir de plan arrêté,* ainsi qu'il le dit lui-même, ou dans l'espoir, après avoir jeté les Bavarois dans la Meuse, de venir battre l'aile droite des Allemands, ou enfin de s'ouvrir un passage sur Carignan et Montmédy, *le général de Wimpffen a fait preuve de conceptions trop peu plausibles ou iustifiées, pour ne pas avoir une grande partie de la responsabilité des funestes événements qui amenèrent la capitulation.*

EXTRAIT

De la déposition de M. le maréchal de Mac-Mahon dans l'enquête parlementaire sur les actes du gouvernement de la Défense nationale.

. . . .

. . . . . Arrivé sur les hauteurs qui dominent la Moncelle, je m'arrêtai pour chercher à me rendre compte exactement de la position de l'ennemi. On voyait alors des troupes en face de Bazeilles et de la Moncelle, mais on ne pouvait rien distinguer sur les hauteurs situées à leur droite, en avant du bois Chevalier.

7

Ce fut dans ce moment que je fus blessé d'un éclat d'obus.

Je crus d'abord que ce n'était qu'une contusion; mais le cheval que je montais ayant eu la jambe cassée, je fus obligé de descendre. Ce mouvement me fit perdre un instant connaissance. Je sentis ensuite qu'il m'était impossible de continuer à commander. Réfléchissant que le général Ducrot était, de tous les commandants de corps d'armée, celui qui avait été le plus à même de connaître les mouvements de l'ennemi, j'envoyai un de mes aides de camp dire à mon chef d'état-major, le général Faure, que je croyais près de là, de prévenir le général Ducrot que j'étais blessé, et qu'il eût à prendre le commandement en chef de l'armée.

Il était en ce moment six heures moins un quart à peu près. Je suis certain de cette heure ; car, après être rentré à Sedan, le docteur Cuignet, qui me pansa, constata qu'il était six heures trente minutes.

Le commandant de Bastard, que j'avais envoyé au général Faure, ne l'ayant pas trouvé, partit pour rejoindre le général Ducrot. En route, il reçut une blessure qui le mit hors de combat, et ce fut le commandant Riff, qui l'accompagnait, qui porta au général Ducrot l'ordre par moi donné.

Permettez-moi de vous dire que la blessure qui

mettait le général en chef dans l'obligation de céder le commandement était un événement fâcheux.

Je ne prétends en aucune manière que dans les circonstances où se sont trouvés les deux généraux qui ont commandé après lui, il aurait mieux fait que l'un ou l'autre, mais j'affirme que sachant qu'il était forcé de s'éloigner de Sedan, où il n'avait ni vivres ni munitions, il aurait pris, sur les six heures environ, une décision qui aurait amené l'armée à combattre tout entière pour marcher dans l'Est ou dans l'Ouest, sur Carignan ou sur Mézières.

Par suite de la blessure du commandant de Bastard qui, du reste, ne savait pas au juste où était le général Ducrot, il arriva que cet officier général ne fut prévenu que vers six heures et demie qu'il devait prendre le commandement.

Il y a lieu de supposer qu'avant de prendre une décision sur le mouvement à exécuter, le général Ducrot dut constater ce qui se passait du côté du général Lebrun.

Le général Ducrot n'était arrivé à son bivouac que la veille au soir assez tard. Je n'avais pas pu le voir. Peut-être n'était-il pas informé que des troupes ennemies nombreuses avaient traversé la Meuse, à Donchery, pour chercher à nous barrer la route de Mézières. Quoi qu'il en soit, il jugea

que la retraite devait avoir lieu dans la direction
de cette place, et donna des ordres en conséquence
au général Lebrun.

Ce dernier se replia d'abord sur les hauteurs
qui dominent à l'Ouest le fond de Givonne, abandonnant ainsi Bazeilles et la Moncelle, positions
importantes à conserver, si on avait dû se porter
du côté de Carignan.

Ce mouvement de retraite était exécuté quand
le général de Wimpffen prit le commandement. Il
était porteur d'une lettre du ministre de la guerre,
qui le lui donnait, dans le cas où je serais
blessé.

Si je suis bien informé, le général de Wimpffen,
au moment où il apprit que j'étais blessé et que
j'avais remis le commandement au général Ducrot,
aurait hésité pour savoir s'il ferait usage de la
lettre de service dont il disposait.

Sur les instances du général Besson, son chef
d'état-major, il se serait décidé dans ce sens.

Le général de Wimpffen, qui avait connaissance
des mouvements de l'ennemi sur notre ligne de
retraite par Mézières, voyant que les troupes du
général Lebrun combattaient vaillamment, jugea,
paraît-il, que le mouvement de l'armée devait
s'exécuter par l'Est du côté de Carignan, il arrêta
donc le mouvement de retraite commencé par le
général Lebrun. Celui-ci se maintint à Balan,

mais ne put reprendre Bazeilles, que les Bavarois avaient déjà occupé.

Les Saxons, arrivés sur la droite des Bavarois, avaient profité du moment de retraite du général Lebrun, pour s'emparer de la petite Moncelle, de Daigny et des positions en avant.

Plus tard les troupes, sous les ordres du prince royal de Prusse, qui avaient passé la Meuse au-dessous de Sedan, entrèrent en ligne contre le corps d'armée du général Douai, lequel résista pendant de longues heures.

Enfin, vers les deux ou trois heures, malgré notre artillerie qui établit bravement ses batteries en face de celles de l'ennemi, les prenant de trois côtés à la fois, malgré plusieurs retours offensifs de l'infanterie, dirigés par le général Ducrot, malgré des charges de cavalerie commandées par le général Margueritte, qui fut tué, et par le général de Gallifet, les troupes du prince royal de Prusse opérèrent leur jonction avec les troupes de la garde royale qui avaient marché à droite des Saxons.

Par suite de cette jonction, qui eut lieu sur le plateau d'Illy, nos soldats furent culbutés dans le camp retranché de Sedan, puis sur les glacis des fortifications, et enfin dans la place elle-même. .

. . . .

Mon opinion personnelle est que le mouvement

sur Mézières, prescrit par le général Ducrot, vers huit heures du matin, avait quelque chance de réussite.

En admettant l'insuccès, une partie de nos troupes aurait pu s'échapper par les bois qui couvrent la plus grande partie de l'espace compris entre la Meuse et la frontière.

Enfin, à la dernière extrémité, cette armée aurait pu se jeter en Belgique.

Mais je le répète, ce qui était possible à 6 heures du matin, difficile à 9 heures, était devenu impossible à midi ou une heure, alors que les troupes ennemies avaient fait leur jonction sur le plateau d'Illy. Je terminerai, en disant hautement et de toutes mes forces que l'on ne peut pas appeler honteuse la capitulation de Sedan. On peut l'appeler désastreuse, mais non honteuse. Par le fait, ce n'est pas une capitulation préméditée; c'est une armée qui a livré bataille dans de mauvaises conditions, qui a été acculée par des forces supérieures à une rivière, à une place d'où il lui était impossible de déboucher.

L'armée française a combattu vaillamment depuis 5 heures du matin, jusqu'à 3 heures de l'après-midi.

Les 85,000 hommes dont elle se composait ont été culbutés par les 142,000 hommes qui leur étaient opposés, appuyés par une formidable artillerie qui avait plus de justesse et de portec que la nôtre.

Au moment où le feu a cessé, il était impossible de continuer le combat; les troupes étaient entassées pêle-mêle dans la ville, dans les fossés, dans des ouvrages dominés de toutes parts, foudroyées par 500 bouches à feu.

La continuation de la lutte ne pouvait donner aucune chance de succès ; ce qui le prouve d'ailleurs d'une manière évidente, c'est le dernier effort du général Ducrot avec la cavalerie.

Plus tard, lorsque le général de Wimpffen, désespéré d'être obligé de capituler, a fait une dernière tentative avec 3,000 hommes commandés par le général Lebrun, il avait à peine fait quelques centaines de pas dans la direction de Balan, qu'il fut culbuté et mis dans une déroute complète.

Non, non, on peut dire que l'armée a été battue d'une manière désastreuse, mais non d'une manière honteuse. Elle avait vaillamment combattu. . . . .

FIN.

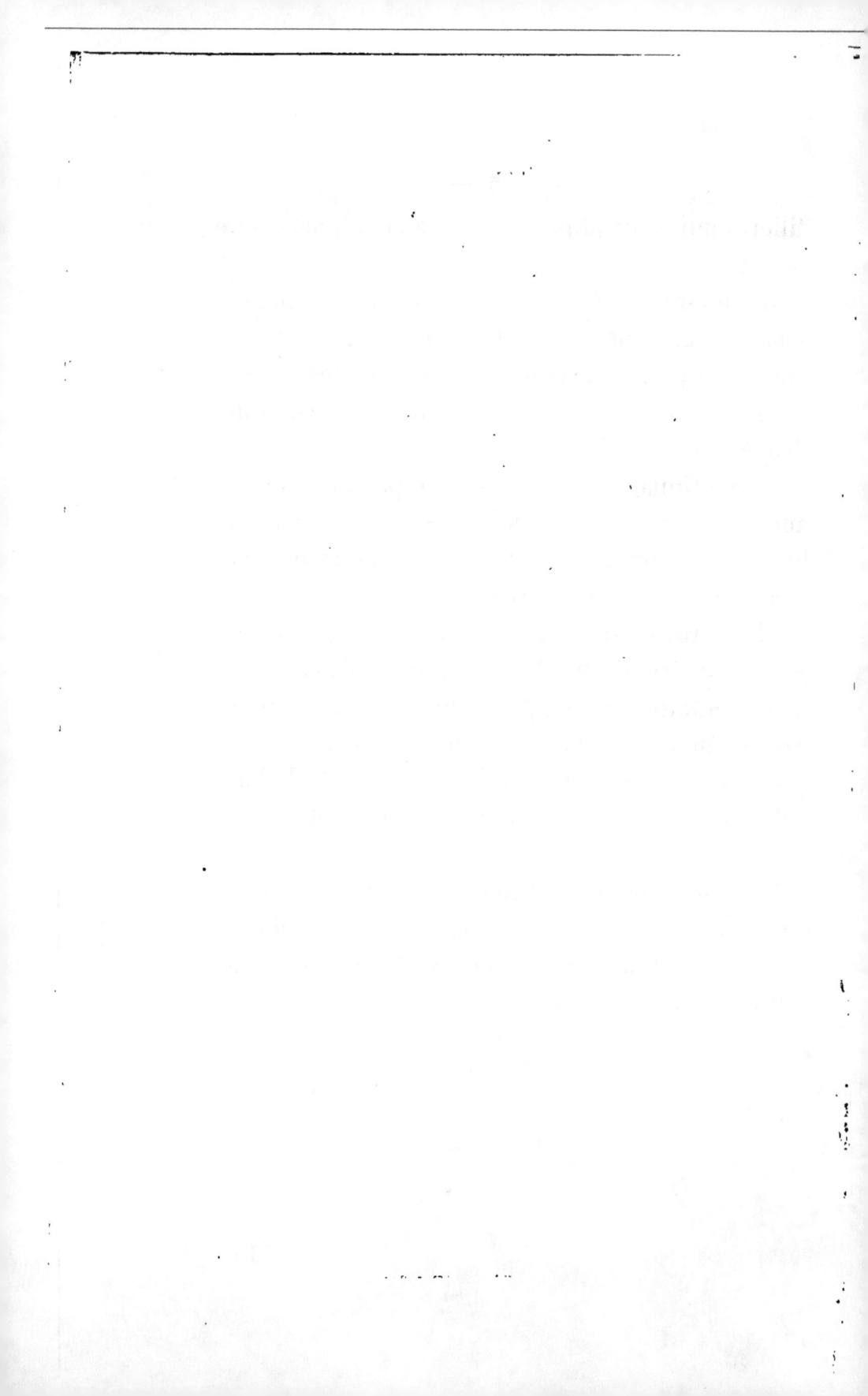

ENVIRONS DE SEDAN

Mezières

Villes sur Lumes

Lanes

Bois de la Falizette

Bazernal

Fd du Champ de la Garenne

Fleigneux

St Menges

St Albert

Illy

Vrigne aux Bois

Vivier au Court

Montimont

Lyar

Floing

Glaire

Serifontaine

Balan

Sedan

Donchery

Donc le Mesnil

Frénois

Wadelincourt

Saveon

Vrigne sur Meuse

CHAPITRE Ier

Examiner sur quoi s'est fondé le général de Wimpffen pour déclarer le mouvement vers Mézières impossible, dès le 31 août au soir, et pour s'opiniâtrer dans le mouvement en avant sur Carignan, qui devait amener l'investissement de l'armée.

Le général de Wimpffen, après sa conversation avec l'Empereur, cite le rapport du général Douay constatant que le 31, vers trois heures de l'après-midi, les troupes allemandes se préparaient à passer la Meuse à Donchery, et qu'elles allaient, par conséquent, couper notre ligne de retraite.

Sedan, par le général de Wimpffen, page 149.

Il ajoute : « Ce fait est important à faire remarquer. »

Après avoir dit que le Maréchal lui paraît encore aujourd'hui n'avoir pas bien connu l'état de son armée, ni celui des forces ennemies, qu'il estimait à 70,000 hommes, il ajoute : « Il me » paraît difficile qu'il en fût encore de même à » cinq heures du soir, lorsque j'envoyais, à son » quartier général, un maire des environs venant

Page 145.

8

» prévenir que plus de 80,000 Allemands pas-
» saient la Meuse, entre Donchery et Dom-le-
» Mesnil. »

Il admet au bas de la page, mais avec le plus
grand étonnement, que le Maréchal croyait encore
la route de Mézières libre dans la nuit du 31 août
au 1er septembre.

Page 153.　« Messieurs, dis-je à mes officiers, l'attaque sur
» Bazeilles contre le corps d'armée Lebrun, place
» l'armée entre nous et une rivière. Cette atta-
» que est tellement contraire à toutes les règles
» de la guerre que cela ne doit être qu'une diver-
» sion. »

Cette fois il voyait juste.

Après une reconnaissance du général Margueritte sur Saint-Mengès (un peu plus tard que six
heures), qui signale l'ennemi en grandes forces, il
s'exprime ainsi : « Je ne m'étais donc malheureu-
» sement pas trompé. On reconnaîtra que la re-
» traite sur Mézières nous était fermée le 1er sep-
» tembre au matin par plus de 80,000 hommes ;
» que les corps bavarois nous barraient le chemin
» sur Carignan, et que la garde prussienne ma-
» nœuvrait pour nous fermer la seule voie encore
» ouverte à ce moment, celle de la Belgique. »

Il y avait autre chose que les corps bavarois du
côté de Carignan ; et à six heures du matin, les
80,000 Allemands du côté de Mézières n'étaient

encore que dans l'imagination du général ou de quelque maire effrayé.

« Cette première ligne de défense (à Bazeilles) Page 156.
» était excellente ; et l'ennemi n'a pu s'en empa-
» rer en partie qu'après son abandon par l'ordre
» du général Ducrot. — Voilà précisément une
» des raisons qui me forcèrent, bien malgré moi,
» à prendre le commandement une heure après
» la blessure du Maréchal. Sans ce malheureux
» mouvement nous n'eussions pas été victorieux,
» sans doute, mais nous eussions culbuté facile-
» ment les Bavarois devant Bazeilles. »

A quoi donc sert la prévision de la veille ? Comment peut-on risquer de perdre la dernière
chance de salut pour repousser ce qu'on sait n'être
qu'une diversion ?

« Si l'on veut jeter un coup d'œil sur la carte Page 156.
» que je donne ici et qui contient l'indication pré-
» cise, d'après le rapport allemand, de l'arrivée
» des corps ennemis autour de Sedan, on verra :
» Que le 5e corps allemand, occupant le plateau
» de Floing le 1er septembre à huit heures du
» matin, dominait le vieux camp de 46 mètres. »
« Que le 11e corps à Saint-Mengès, à huit heures
» du matin, à Fleigneux ensuite, était dans une
» position aussi élevée que celle que nous occu-
» pions à Illy. »

Est-ce aveuglement, est-ce mauvaise foi, est-ce

simplement étourderie? Les contradictions four-
millent ici. Sur la carte les positions de Saint-
Mengès et de Fleigneux sont portées comme occupées par le 11ᵉ corps à cinq heures du matin ; et
le rapport allemand, cité en cet endroit même,
dit qu'à huit heures trois quarts seulement,
l'avant-garde du 11ᵉ corps se trouva en présence des troupes françaises qui occupaient Saint-
Mengès.

Nous verrons plus tard que cette avant-garde
n'était formée que d'un seul régiment, le 87ᵉ de
Nassau. Ce régiment s'engagea aussitôt avec nos
troupes dépourvues d'artillerie. Après un combat
opiniâtre, celles-ci ayant été repoussées, les batteries et les colonnes allemandes purent se déployer.

« Le 11ᵉ corps, dès cinq heures du matin, était
» près de Fleigneux. (La contradiction se con-
» tinue.)

Page 164.   » L'Empereur lui-même n'ignorait donc pas à
» ce moment que la route de Mézières était inter-
» ceptée par des masses ennemies. »

« Je le savais moi, depuis la veille au soir !!!
» (de plus fort en plus fort) et j'avais vainement
» cherché à le faire comprendre. »

« Si nous parvenons à culbuter les Bavarois,
» peut-être, me disais-je, pourrons-nous nous
» maintenir jusqu'à la nuit. Le pis aller selon moi,

» car je ne m'arrêtais pas alors à la pensée d'une
» capitulation, était de nous lancer tous, et tête
» baissée, sur la gauche des Allemands pour
» opérer une trouée à l'Est.

» J'écrivais en conséquence au général Douay
» placé avec son 7ᵉ corps à l'extrême gauche :

« Je crois à une démonstration sur votre corps
» d'armée ; mais surtout pour vous empêcher de
» porter secours aux 12ᵉ et 1ᵉʳ corps. Voyez si
» vos positions vous permettent de n'utiliser
» qu'une partie de vos troupes et d'envoyer le
» reste au général Lebrun. » (C'était bien la
peine de dire à ses officiers que l'attaque sur Bazeilles n'était qu'une diversion.)

RAPPORT ALLEMAND

CITÉ PAR LE GÉNÉRAL DE WIMPFFEN

On conçut la crainte que l'ennemi, par une Page 180. marche de nuit ne réussît, par une fuite rapide, à nous empêcher d'obtenir un grand résultat pour le jour suivant.

On pouvait encore prévenir cette manœuvre.

En conséquence le roi ordonna que pendant la nuit même du 31 au 1ᵉʳ, la Meuse fût franchie auprès de Donchery et de Dom-le-Mesnil par un corps et demi, afin de pouvoir au point du jour diriger une attaque sur un front déployé, vers la route de Sedan à Mézières (l'exécution de cet ordre va nous être donnée en détail par l'historique de la 3ᵉ armée ; les heures constatées officiellement seront en désaccord complet avec l'affirmation contenue dans l'alinéa suivant).

Page 181.
Le 11ᵉ corps avait déjà le 31 jeté deux ponts près de Donchery, et il se trouvait au point du jour sur la rive de la Meuse.

Page 183.
..... Au point du jour..... déjà depuis six heures.

A ce moment le 11ᵉ corps, à l'extrémité de l'aile gauche, était à Vrignes-aux-Bois et n'avait pas encore heurté l'ennemi.

(C'était environ à 7 heures et demie ; ce n'est donc pas de bonne foi que sur sa carte, le général de Wimpffen marque les emplacements du 11ᵉ corps au-dessus de Saint-Mengès et de Fleigneux à cinq heures du matin.)

Page 185.
S. A. R. le prince royal de Prusse avait prescrit de se diriger sur Saint-Mengès. A huit heures trois quarts, l'avant-garde du 11ᵉ corps vint se heurter contre l'ennemi qui avait pris position au S.-O. sur la rive gauche du ruisseau qui passe près de Saint-Mengès.

Il se livra un combat court, mais très opiniâtre, lequel se termina par l'évacuation de Saint-Mengès par l'ennemi. Celui-ci se retira sur de fortes positions dominantes entre Floing et Illy.

Vers une heure environ, s'avancèrent l'infante- Page 189 rie du 11ᵉ corps et la 19ᵉ brigade de l'aile droite du 5ᵉ corps pour attaquer dans la direction de Floing.

(C'est donc vers une heure seulement que ces deux corps passés sur la rive gauche de la Meuse, sont en mesure d'attaquer.)

Voyons maintenant les conséquences que le général de Wimpffen tire de ce rapport.

« Il ressort clairement de ce rapport, dit-il, » que le 31 au soir l'armée du prince royal de » Saxe (*sic*) (1) marchait pour nous couper la » route de Mézières. Que pendant la nuit du 31 » août au 1ᵉʳ septembre, la Meuse fut franchie à » Donchery et à Dom-le-Mesnil par un corps et « demi. (Que l'ordre en fût donné, possible; mais » qu'elle fût franchie, nullement.)

» Que le 1ᵉʳ septembre au point du jour le » 11ᵉ corps, le 5ᵉ et la 4ᵉ division de cavalerie al- » lemande établis sur la rive droite de la Meuse, » avec leurs batteries, nous barraient avec 80,000 » hommes la route de Mézières. »

« Donc, conséquence forcée :

(1) L'armée du prince de Saxe était au N.-E. de Sedan, pas un seul de ses soldats n'a paru sur la route de Mé- zières.

» Le mouvement de retraite sur Mézières or-
» donné par le général Ducrot, à sept heures et
» demie du matin, possible la veille à six heures
» du soir, fort difficile dans la nuit, était devenu
» absolument impraticable au moment où il fut
» prescrit et commencé. »

Ces conséquences, démenties par le rapport
lui-même, vont être réduites à néant par le récit
détaillé et officiel des mouvements de la troisième
armée.

CHAPITRE II

Etablir au moyen des ordres et des dépêches de l'E-
tat-major allemand, que le mouvement de re-
traite sur Mezières, projeté le 31 août et ordonné
le 1ᵉʳ septembre, par le général Ducrot, était le
seul possible.

OPÉRATIONS

De la 3ᵉ armée d'après les documents officiels de la
3ᵉ armée, par Von Hahnke, major de l'Etat-
major prussien.

Vers le soir, le général de Moltke vint avec le Page 210.
Roi à Chémery et dit au général von Blumenthal
que, d'après toutes les nouvelles, l'armée française
était encore sur la rive droite de la Meuse autour
de Sedan. Il ajouta : « Nous les tenons mainte-
» nant dans le piége, demain de grand matin, il
» faut passer la Meuse. »

Le prince royal donna immédiatement les ordres suivants :

« Quartier général, Chémery, 31 août 1870, 9 h. soir.

« Dans le but d'arrêter l'ennemi qui pourrait Page 212.

» se replier de Sedan sur Mézières, et afin de le
» mettre dans l'impossibilité de poursuivre sa
» marche, une partie de l'armée passera la Meuse
» demain matin, 1er septembre, à Dom-le-Mesnil
» et à Donchery. Le mouvement s'exécutera de la
» façon suivante :

» 1° Le 11e corps partira avant le jour et se diri-
gera de Donchery sur Vrignes - aux - Bois, et s'y
établira sur le ruisseau, de manière à empêcher
l'ennemi de s'avancer sur Mézières entre la Meuse
et la frontière belge.

» 2° Le 5e corps quittera ses bivacs à cinq heures,
suivra le 11e corps au delà de Donchery et se
reliera étroitement avec lui. L'artillerie s'établira
de façon à battre la route de Vrignes à Sedan.

» 3° La division wurtembergeoise jettera encore
un pont à Dom-le-Mesnil pour y passer la Meuse
à la pointe du jour et prendre position sur la
route de Sedan à Mézières et en même temps
servir de réserve au 11e corps.

» Un poste sera laissé pour protéger le pont.

» 4° Le 2e corps bavarois partira à cinq heures,
une division se rendra par Bulson à Frenois, et
la réserve d'artillerie s'établira sur les hauteurs
de la rive gauche de la Meuse en face de Donchery, l'artillerie marchera en tête de colonne.

» L'autre division s'avancera sur Noyers et prendra position entre Frenois et Vadelincourt vis-à-

vis Sedan pour s'opposer à une sortie de la place.

» 5° Le 1ᵉʳ corps bavarois restera à Remilly, à moins que l'entrée en ligne de l'armée du prince de Saxe ne l'oblige à prendre part au combat.

» 6° La 6ᵉ division de cavalerie partira à cinq heures, se rendra à Boutancourt ou Boulzincourt, à Flize sur la Meuse, où elle prendra position.

» 7° La 1ʳᵉ division de cavalerie se concentrera au sud de Fresnois où elle attendra de nouveaux ordres.

» 8° La 2ᵉ division de cavalerie quittera ses cantonnements à six heures, se rendra à Boutancourt et se formera au sud de ce village.

» 9° La 5ᵉ division de cavalerie et le 6ᵉ corps resteront dans leurs cantonnements.

» *Par ordre :*

» Blumenthal. »

Quelque temps après l'envoi de cet ordre, le lieutenant-colonel Von Branderstein, du grand quartier général, arrivait à Chémery et remettait au général Blumenthal la dépêche suivante :

« Vendresse, 31 août 1870, 7 h. 45 m. soir.

« Le lieutenant-colonel Von Branderstein qui Page 213. revient à l'instant de Remilly, affirme que les Français abandonnant tous leurs bagages battent en retraite vers l'Ouest et que *probablement ils con-*

tinueront leur marche toute la nuit, les grands ré-
sultats que nous allions atteindre pourraient ainsi
nous échapper.

» Votre Excellence verra s'il ne serait pas possible, cette nuit même, de faire franchir la Meuse
au 11ᵉ corps et à la division wurtembergeoise, afin
de pouvoir demain dès l'aube attaquer l'ennemi
sur un front étendu, dans la direction de la route
de Sedan à Mezières.

» Von MOLTKE. »

Sur ces indications, on expédia de suite au
11ᵉ corps et à la division wurtembergeoise, l'ordre
de jeter des ponts sur la Meuse pendant la nuit,
et de passer la rivière dès la pointe du jour. Un
officier de l'état-major, le capitaine Von Hauffen-
berg, aide de camp du roi de Bavière, porta au
général Von der Tann, à Remilly, l'ordre de
s'avancer sur Bazeilles de grand matin, d'attaquer

Page 213.

l'ennemi, et, dans le cas où *il battrait en retraite,
de le retenir le plus longtemps possible.*

Un autre officier, le capitaine Lauclen, fut envoyé, à dix heures du soir, au prince de Saxe,
pour lui remettre la dépêche suivante et lui donner
les explications verbales nécessaires.

Page 214.

« Quartier général, Chémery, 31 août 1870, 10 h. soir.

» *A S. A. le prince royal de Saxe.*

» En donnant ci-joint, à Votre Altesse, communication des dispositions arrêtées pour le 1ᵉʳ septembre pour la 3ᵉ armée, j'ai l'honneur d'ajouter que nous sommes prévenus à l'instant par le grand quartier général que, d'après des indices sérieux, il pourrait se faire que *l'ennemi, abandonnant ses bagages,* cherchât pendant la nuit à battre en retraite par la route de Sedan à Mézières. Le général Von Gersdorff (11ᵉ corps) et la division wurtembergeoise ont, en conséquence, reçu l'ordre de passer la Meuse cette nuit et demain, dès la pointe du jour, et de s'avancer au Nord vers cette route.

» Le général Von der Tann a également l'ordre de se porter sur Bazeilles, d'attaquer et de retenir le plus longtemps possible *l'ennemi ou du moins la queue de ses colonnes.*

» Si Votre Altesse peut opérer dans le même sens, le résultat final n'en sera que plus sûrement atteint. » (V. Blumenthal.)

1ᵉʳ septembre : Cette dépêche ne parvint au Page 215. prince de Saxe à Mouzon que *très tard,* dans la nuit du 31 août au 1ᵉʳ septembre, vers *une heure du matin.* Le Prince résolut tout de suite de marcher en avant avec l'armée de la Meuse et prit sur-le-champ ses dispositions d'attaque. Le capitaine Von Lau+cken emporta ses instructions en retournant à Chémery, où il arriva vers quatre heures du matin.

L'ordre du prince Albert de Saxe était ainsi conçu :

« Quartier général, Mouzon, 1er septembre 1870, 1 h. 45 m. du matin.

« Il y a de sérieuses raisons de croire que, cette nuit, l'ennemi, abandonnant ses bagages, essayera de battre en retraite par la route de Sedan à Mézières.

» Une partie de la 3e armée franchira la Meuse avant la pointe du jour, à Bazeilles, à Donchery et à Dom-le-Mesnil, pour attaquer l'ennemi sur la route de Sedan à Mézières.

» Les corps de l'armée de la Meuse se conformeront aux prescriptions suivantes :

» 1° La garde se mettra immédiatement en mouvement; une division marchera par Escombres et Pouru-aux-Bois, sur Villers-Cernay; l'autre par Sachy, Pouru-Saint-Remy, sur Francheval; l'artillerie du corps accompagnera cette dernière division.

» 2° Le 12e corps prendra les armes de suite, et se concentrera au sud de Douzy, sur la grande route, pour se porter par Lamicourt sur la Moncelle.

» Les mouvements d'offensive doivent commencer à cinq heures (au moins pour les avant-gardes) à Pouru-aux-Bois, Pouru-Saint-Remy et Douzy. Les gros suivront immédiatement les avant-gardes et d'aussi près que possible. Les trois colonnes d'attaque resteront en communication entre elles.

» 4° Le 4° corps enverra une division et l'artillerie du corps à Remilly-sur-Meuse, pour soutenir, s'il est nécessaire, le 1er corps bavarois qui marche sur Bazeilles.

» L'autre division passera la Meuse à Mouzon et s'avancera par la rive droite jusqu'à Mairy, elle servira de réserve générale. Ce corps se mettra en mouvement aussi rapidement que possible.

» 5° Le train et les convois resteront sur leurs emplacements actuels.

» 6° Les rapports me seront adressés sur la hauteur à l'Est d'Amblimont.

» ALBERT,
» Prince royal de Saxe. »

RÉFLEXIONS

Toutes ces dépêches, tous ces ordres ne démontrent-ils pas que le mouvement de retraite vers l'Est, vers Carignan, Montmédy, etc., paraît à nos ennemis tellement contraire au plus simple bon sens, qu'ils sont convaincus que personne dans l'état-major français n'a pu y songer un seul instant. Toute leur crainte est que nous parvenions à échapper par l'Ouest, c'est-à-dire du côté de Mézières.

« On dit que les Français battent en retraite
» vers l'Ouest, écrivait le général de Moltke à
» Blumenthal. (31 août, 7 h. 45 du soir.)

» Ils continueront probablement leurs mouve-
» ments toute la nuit. Le grand résultat *que nous*
» *allions atteindre pourrait nous échapper.* »

Il est de règle élémentaire, en guerre, comme
en politique, comme en tout autre chose de faire
ce que votre adversaire, votre ennemi craint que
vous fassiez. Or, M. de Moltke redoute une retraite
vers Mézières, le général Ducrot, lui, veut la
faire. Et à voir l'acharnement avec lequel le
général poursuit son idée, le 31 août et le
1er septembre, on dirait qu'il a lu, pour ainsi dire,
les ordres et les dépêches ci-dessus précités.

Dans la dépêche du 31 août, dix heures soir, le
général Blumenthal écrit au général Von der
Tann, de se porter sur Bazeilles, d'attaquer et de
retenir, le plus longtemps possible, *l'ennemi ou
du moins la queue de ses colonnes.*

Cette phrase n'est-elle pas reproduite presque
textuellement par le général Ducrot, disant aux
officiers de son état-major, au moment où il prend
le commandement : « Il n'y a pas un instant à
perdre, il faut reprendre notre plan d'hier, l'ennemi nous amuse sur notre centre pendant qu'il
cherche à envelopper nos ailes, c'est son éternel
mouvement de capricorne.

*Journée de
S⋅ dan, par le
général Du-
crot, page 22.*

» Cette fois nous ne serons pas assez sots pour nous y laisser prendre. »

Au général Lebrun, il dit : « Mon cher ami, il Pa e 5. n'y a pas à hésiter, pendant que l'ennemi nous amuse de votre côté, il est en train de manœuvrer pour nous envelopper, ce qui se passe ici n'est pas sérieux, la véritable bataille sera bientôt derrière nous, du côté d'Illy ».

A l'Empereur il fait dire par le capitaine Guz- Page 29. man : « Ce qui se passe à notre droite est insignifiant ; l'ennemi nous amuse là pendant qu'il manœuvre pour envelopper nos ailes. C'est derrière nous, à Illy que se livrera la vraie bataille. »

Enfin, au général de Wimpffen :

« Je suis en présence de l'ennemi, depuis près Page 32. » de deux mois. Mieux que vous je connais leur » manière de faire, j'ai étudié la situation du ter- » rainl, est évident pour moi que l'ennemi est » en train de manœuvrer pour nous envelop- » per.

» Au nom du salut de l'armée, je vous adjure » de laisser continuer le mouvement de retraite. »

Quant à l'ordre du prince de Saxe, on n'a qu'à le lire pour voir combien était chimérique la pensée de vouloir s'ouvrir un passage vers l'Est : de ce côté, il y avait :

1° Les deux fortes divisions de la garde, s'avançant sur 2 colonnes parallèles, la 1ʳᵉ par Escombes, Pouru-aux-Bois, Villers-Cernay ; la 2ᵉ par Sachy, Pouru-Saint-Remy, Francheval.

2° Le 12ᵉ corps entier qui, concentré à Douzy, devait se porter par Lamecourt à la Moncelle. (Ces 3 colonnes d'attaque, 1ʳᵉ et 2ᵉ divisions de la garde et 12ᵉ corps, devaient d'après l'ordre rester en communication entre elles.)

3° Le 4ᵉ corps, 1ʳᵉ division, avec toute l'artillerie à Remilly (3 kil. de Douzy, où était le 12ᵉ) et 2 divisions à Mairy, 2 kil. de Douzy).

4° Le 1ᵉʳ corps bavarois aux prises avec le 12ᵉ corps français à Bazeilles.

5° Le 2ᵉ corps bavarois encore sur la rive gauche de la Meuse, mais prêt à soutenir le 1ᵉʳ corps bavarois.

Soit donc : 10 divisions en parfaites relations stratégiques et barrant entièrement tout l'espace compris entre la frontière et la Meuse ; depuis Escombre jusqu'à Bazeilles. Et c'est par là que l'on voulait, que l'on espérait passer.

Du côté de l'Ouest, au contraire, nous n'avions à redouter que les 11ᵉ, 5ᵉ corps et la division wurtembergeoise, c'est-à-dire 5 divisions au lieu de 10. Encore ces divisions ont-elles laissé libre pendant la presque totalité de la journée, toute la zône frontière comprise entre Vrignes-aux-Bois et la Belgique, soit environ une étendue de 6 kilomètres, percée de routes boisées donnant accès sur Mézières et Charleville.

CHAPITRE III

Établir, au moyen des ordres et dépêches de l'État-major allemand, que le mouvement sur Mezières, ordonné par le général Ducrot, pouvait s'effectuer en entier, s'il n'avait pas été arrêté par le général de Wimpffen.

1° A quelle heure les Allemands ont-ils commencé à passer *la Meuse* le 1ᵉʳ septembre?

Les documents officiels de la troisième armée allemande vont répondre.

« Vers cinq heures du matin, dit le major Von
» Hahnke, les têtes de colonne des 5ᵉ et 11ᵉ corps
» et de la division wurtembergeoise passaient sur
» la rive droite de la Meuse. »

(Les têtes de colonnes seulement passaient et elles passaient lentement, difficilement.)

Le 11ᵉ corps, dit le major Hahnke, en traversant la Meuse, a été retardé par les difficultés que l'obscurité de la nuit avait apportées à la transmission des ordres et au placement des troupes.

Le 5ᵉ corps avait porté son pont à cinquante pas en aval du pont de bateaux du 11ᵉ, les itinéraires des deux corps se croisant, quelques troupes du 11ᵉ furent séparées de leurs brigades.

« Un brouillard froid, intense, couvrait la cam-
» pagne et empêchait de voir à un pas de dis-
» tance. »

___

2° Où étaient les têtes de colonnes des 11ᵉ et 5ᵉ corps et de la division wurtembergeoise à sept heures du matin? (Instant où le général Ducrot ordonna la retraite vers Mézières.)

___

Vers sept heures, « pendant que le général Von der Tann attaquait » les Français afin de les retenir sur les positions de Bazeilles, les têtes de colonnes du 11ᵉ corps arrivaient sur les hauteurs de Serifontaine. Ce village, à 3 kilomètres de Donchery, se trouve à peu près à moitié chemin entre Donchery et l'extrémité de la presqu'île d'Iges. Pour franchir ce court espace, les têtes de colonne avaient donc mis deux heures, de cinq à sept heures.

Un peu plus en aval et toujours à la même

Pages 218 et 219.

heure, sept heures du matin, le 5° corps achevait
de passer la Meuse. Son avant-garde s'approchait
de Viviers-au-Court. Des patrouilles de cavalerie
envoyées en avant par les 11ᵉ et 5ᵉ corps pour reconnaître Vrignes-aux-Bois, Bosseval, Issancourt,
n'avaient rencontré l'ennemi sur aucun de ces
points. A sept heures du matin également, la division wurtembergeoise avait jeté ses ponts à
Dom-le-Mesnil ; la première brigade qui formait
avant-garde s'avançait sur Viviers-au-Court, des
patrouilles de cavalerie avaient fouillé Ville-sur-
Lumes et avaient vu des gardes nationaux et des
troupes de ligne. On sut plus tard que ces dernières appartenaient au corps Vinoy.

Ainsi, en résumé, à sept heures du matin, l'a-
vant-garde du 11ᵉ était en train d'arriver à Sérifontaine, l'avant-garde du 5ᵉ s'approchait de Viviers-au-Court, l'avant-garde wurtembergeoise
s'avançait également sur Viviers-au-Court, seules
des patrouilles de cavalerie appartenant au 11ᵉ,
5° corps et aux Wurtembergeois s'étaient portées à
Vrignes-aux-Bois, Bosseval, Issancourt, Ville-sur-
Lumes. Encore ces patrouilles, ayant apporté des
nouvelles, étaient-elles revenues, ou du moins en
partie. Donc à sept heures, instant où le général Ducrot envoyait ses ordres pour la retraite, toute la
zône boisée et montagneuse qui se trouve comprise
entre la ligne frontière et une ligne partant de

Serifontaine, Viviers-au-Court, Ville-sur-Lumes, Mézières, soit une largeur de 7 à 8 kilomètres, était absolument libre d'ennemis.

Et toute cette zône est traversée par des routes sous bois, praticables à la cavalerie, à l'artillerie, aux bagages, etc.

———

3° A quelle heure les 11ᵉ et 5ᵉ corps reçoivent-ils l'ordre de contourner la boucle de la Meuse?

— — — —

C'est à Sérifontaine, que l'avant-garde du 11ᵉ corps reçoit l'ordre de contourner la Meuse, c'est-à-dire de faire un changement de direction à droite. (Les pointes d'avant-garde de la 41ᵉ brigade (avant-garde du 11ᵉ) sont à Bosseval.) Quelle heure est-il au juste ? Le major Hahnke ne le dit pas, mais le moment, l'instant exact peut facilement être établi.

A sept heures et demie, dit le rapport allemand, l'ordre fut immédiatement envoyé par le prince royal, aux 11ᵉ et 5ᵉ corps, de doubler la presqu'île d'Iges. Or, à ce moment-là, le prince royal était sur les hauteurs de Wadelincourt, à la cote 255. De ce point à Sérifontaine, il y a 7 kilomètres ; le porteur de l'ordre a dû rencontrer de grandes difficultés au pont de Donchery. De plus, il lui a

fallu traverser tout un corps d'armée en marche.
Il a donc mis au moins trois quarts d'heure.
(1ᵉʳ calcul).

Les pointes d'avant-garde du 11ᵉ corps qui, à
sept heures, étaient à Sérifontaine, sont à Bosseval
(d'après le major Hahnke) au moment où arrive
au 11ᵉ corps l'ordre du prince royal. De Bosseval
à Sérifontaine, par Vrignes-aux-Bois, il y a 6 kilomètres, soit le kilomètre en dix minutes, cela
nous donne une heure. (2ᵉ calcul.)

Donc, soit en calculant le temps qu'a dû mettre
l'officier envoyé par le prince royal, pour arriver
au 11ᵉ corps, soit en calculant le temps mis par la
pointe d'avant-garde pour se porter de Sérifontaine à Bosseval, nous arrivons à peu près au
même résultat, trois quart d'heure, une heure ;
plutôt une heure que trois quarts d'heure.

Comme l'ordre a été expédié à sept heures et
demie, il est donc arrivé au 11ᵉ corps à huit heures
et demie.

En effet, nous voyons, page 229, la phrase suivante : « Le prince Albert chargé d'établir les
» communications avec les 11ᵉ et 5ᵉ corps laissés
» en marche à huit heures et demie sur Saint-
» Mengès. »

3° A quelle heure le premier régiment prussien, n° 87, a-t-il dépassé la boucle de la Meuse?

Page 29.

A huit heures et demie, le 11ᵉ corps se met en mouvement, les pointes de l'avant-garde de la 41ᵉ brigade étant à Bosseval, le général Von Gersdorff forme une nouvelle avant-garde avec le 41ᵉ brigade, régiment n° 87 de Nassau, et la dirige par Montimont sur Saint-Mengès.

Les deux autres brigades, 42ᵉ et 44ᵉ suivant immédiatement.

A huit heures et demie, 3 brigades environ sont donc engagées dans le défilé étroit, difficile, que borde la Meuse ; voici, du reste, ce qu'en dit le major Hahnke :

Page 231.

« La route de Montimont à Saint-Mengès suit
» la boucle de la Meuse et passe dans un étroit
» défilé formé par la rivière et les hauteurs qui
» l'encaissent au Nord.

» Un ruisseau, qui descend du bois de la Fali-
» zette dans un profond ravin, coupe ce défilé
» presque perpendiculairement, de sorte que les
» troupes, *l'infanterie même,* ne peuvent guère
» le traverser que *sur la route.* »

» On ne pouvait se dissimuler les dangers
» auxquels s'exposaient le 11ᵉ et le 5ᵉ corps, en
» laissant derrière eux un défilé aussi difficile

» pour marcher à la rencontre de l'ennemi, dont
» on ne connaissait pas la force. Une retraite au-
» rait été désastreuse, puisque le seul pont sur
» lequel il fallait passer, pouvait être enfilé par
» une batterie française établie au sud de Floing.

» Toutefois le sentiment de leur propre valeur,
» la confiance des troupes dans leurs chefs, enfin
» l'ardeur, qui faisait souhaiter à chacun d'en
» venir aux mains avec l'adversaire dans un com-
» bat décisif, entraînèrent tout le monde en avant;
» il n'y eut aucune hésitation. »

Le 1er régiment d'infanterie de Nassau, n° 87,
tête d'avant-garde du 11e corps, rencontre les
avant-postes ennemis à Saint-Albert.

Quelle heure est-il?

De Serifontaine à Saint-Albert on compte 4 kilomètres. La route est, comme nous venons de la
voir, étroite, difficile. Soit trois quarts d'heure
pour la parcourir.

Parti de Sérifontaine à huit heures et demie, le
87e de Nassau est donc arrivé à neuf heures un
quart à Saint-Albert.

4° A quelle heure l'artillerie allemande a-t-elle
pris position?

« Les détachements du n° 87 sont immédiate- Page 232.
» ment suivis par deux batteries divisionnaires,

» lesquelles batteries se trouvent successivement
» renforcées par les batteries du 11ᵉ corps et les
» batteries des autres divisions qui prolongent la
» ligne vers l'est. »

Ces 200 canons, passant par le seul pont du
ruisseau de la Falizette, ne sont arrivés que peu
à peu, lentement, soit une heure et demie pour
le défilé de toute cette artillerie. Neuf heures un
quart, plus une heure et demie... cela nous fait
dix heures trois quarts — onze heures.

———

5° A quelle heure les colonnes du 11ᵉ et du 5ᵉ
corps se sont-elles déployées au nord de Sedan?

———

Une fois toute l'artillerie passée, le 11ᵉ et le
5ᵉ corps se sont mis en mouvement ; combien
de temps ont-ils mis pour contourner la presqu'île d'Iges, le major Hahnke nous le dit (p. 233).
« Pendant ce combat d'artillerie, qui dura près de
trois heures, l'infanterie réussit à sortir du défilé
et à se déployer à Saint-Albert que l'ennemi couvrait de ses obus. »

Dix heures trois quarts, plus trois heures, nous
donnent une heure trois quarts.

Cela s'accorde parfaitement avec les paroles du
général Von Blumenthal disant au général Ducrot
à Donchery : « De ce côté, vers Saint-Mengès, je

n'avais, jusqu'à une heure du soir, que 200 bouches à feu soutenues par quelques escadrons de cavalerie. »

CONCLUSION

On dira : Mais ces 200 bouches à feu suffisaient pour nous arrêter.

Nous, au contraire, nous pensons que si le mouvement de retraite, commencé à sept heures et demie du matin, n'avait pas été suspendu, le gros de notre armée se fût trouvé massé, dès neuf heures, entre Saint-Mengès et Fleigneux, avec son avant-garde au Champ de la Grange, son arrière-garde à Floing et au Calvaire d'Illy.

De ces positions, nous commandions complétement les débouchés des défilés étroits et difficiles dans lesquels l'ennemi s'était engagé avec une extrême témérité, aussi bien vers St-Albert et Vrignes-aux-Bois, que du côté de Givonne. — Il nous eût donc été facile de maintenir nos adversaires assez longtemps pour permettre aux bagages et autres *impedimenta* de filer vers le Nord ou le Nord-Ouest ; une fois débarrassées de ce matériel, infanterie, cavalerie, artillerie s'écoulaient lestement et sûrement par les bois qui couvrent la zône comprise entre la boucle de la Meuse et la frontière de Belgique.

Probablement quelques colonnes de bagages et un certain nombre de fuyards se seraient retirés sur le territoire belge, mais la dernière armée de la France et son Souverain étaient certainement sauvés !

CHAMP DE BATAILLE DE SEDAN

CARTE.

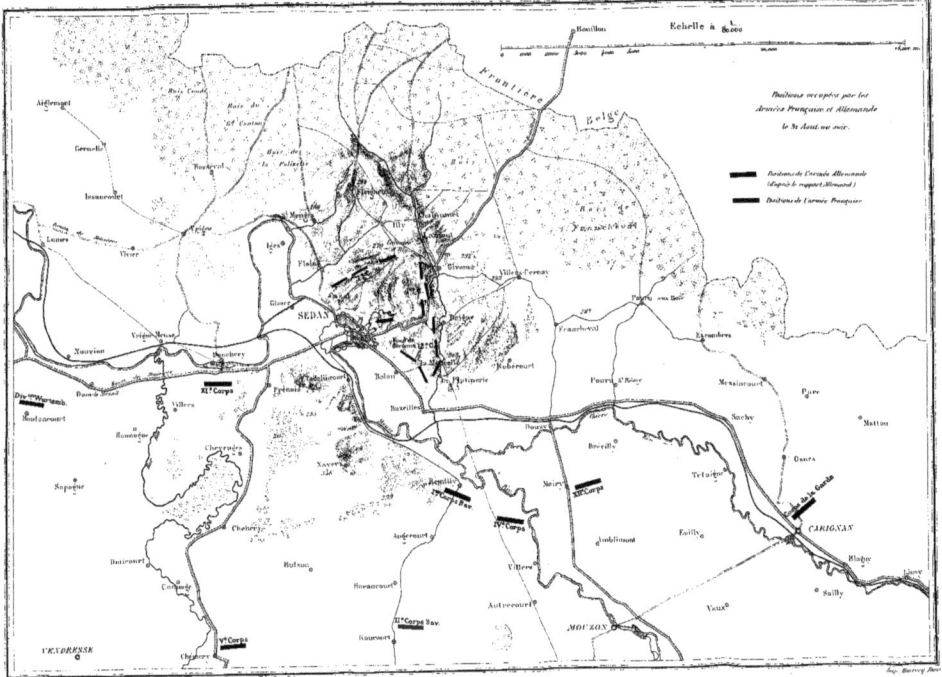

Champ de bataille de Sedan

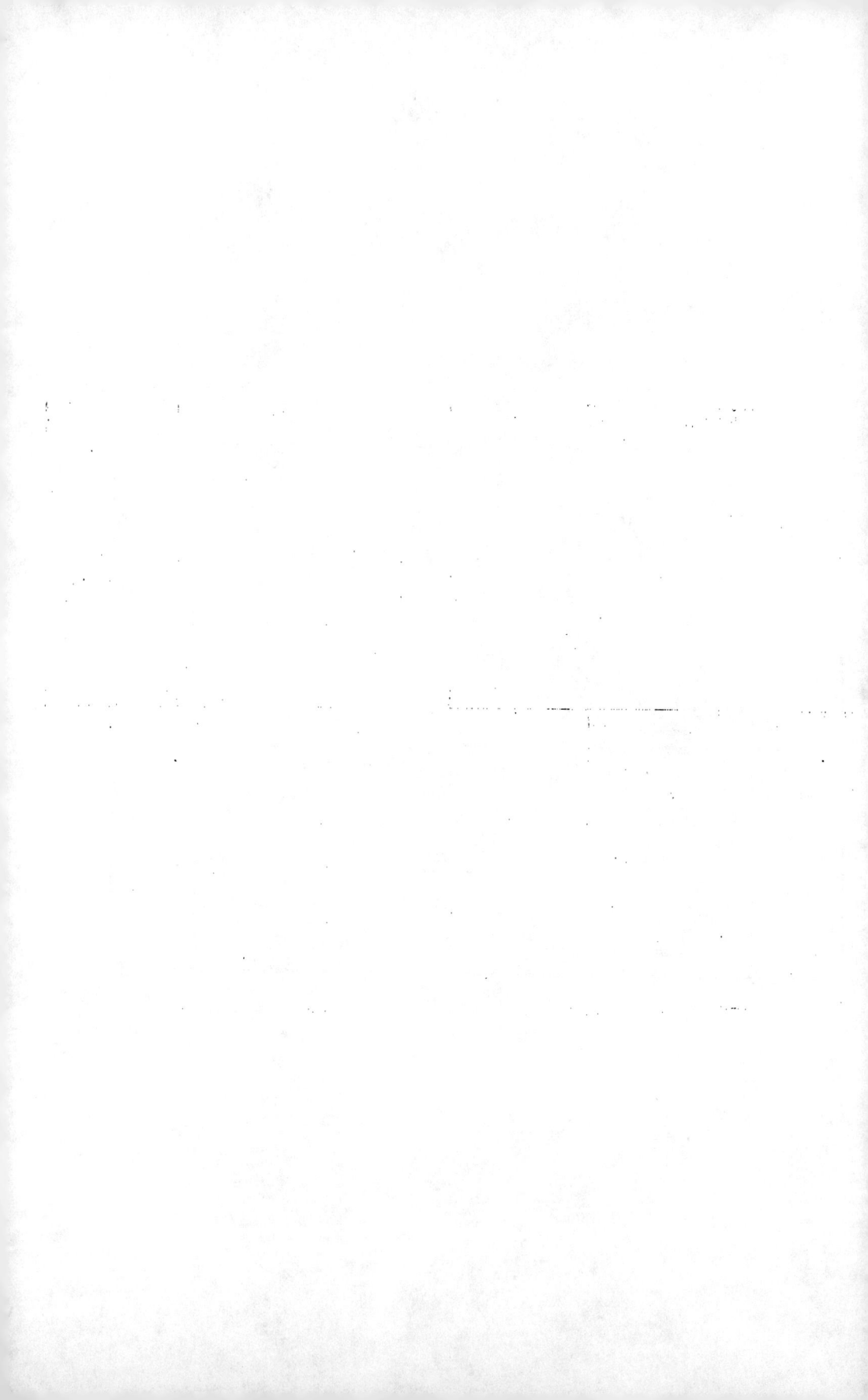

CHAMP DE BATAILLE DE SEDAN

Echelle à $\frac{1}{80000}$

Positions occupées par les
Armées Française et Allemande
le 1er Septembre vers 8 h. du matin

Positions de l'armée Allemande
(d'après le rapport Allemand)

Positions de l'armée Française

www.ingramcontent.com/pod-product-compliance
Lightning Source LLC
Chambersburg PA
CBHW050015100426

42739CB00011B/2662